故事里的**敦煌**

胡同庆 主编

敦煌·一笔一方圆

DUNHUANG

YIBI

YI FANGYUAN

胡同庆

王义芝 著

甘肃文化出版社

故事里的**敦煌**

胡同庆 主编

敦煌·一笔一方圆

胡同庆　王义芝———著

DUNHUANG
YIBI
YI FANGYUAN

甘肃文化出版社
甘肃·兰州

图书在版编目（CIP）数据

敦煌·一笔一方圆 / 胡同庆，王义芝著. -- 兰州 ：
甘肃文化出版社，2025. 1. --（故事里的敦煌 / 胡同庆
主编）. -- ISBN 978-7-5490-3058-3

Ⅰ. K879.414

中国国家版本馆CIP数据核字第2024KU0987号

敦煌·一笔一方圆

胡同庆　王义芝 ｜著

项目策划 ｜ 郧军涛　甄惠娟
责任编辑 ｜ 杜艳梅
封面设计 ｜ 马吉庆

出版发行 ｜ 甘肃文化出版社
网　　址 ｜ http://www.gswenhua.cn
投稿邮箱 ｜ press@gswenhua.cn
地　　址 ｜ 兰州市城关区曹家巷 1 号 ｜ 730030（邮编）

营销中心 ｜ 贾　莉　王　俊
电　　话 ｜ 0931-2131306

设计制版 ｜ 兰州大雅文化艺术有限公司
印　　刷 ｜ 山东新华印务有限公司
开　　本 ｜ 880 毫米 × 1230 毫米　1/32
字　　数 ｜ 100 千
印　　张 ｜ 6.25
版　　次 ｜ 2025 年 1 月第 1 版
印　　次 ｜ 2025 年 1 月第 1 次
书　　号 ｜ ISBN 978-7-5490-3058-3
定　　价 ｜ 58.00 元

前　言

　　敦煌，这颗丝绸之路上的璀璨明珠，几千年来一直吸引着全世界的目光。

　　人们或许知道，或许不知道，敦煌之所以享誉全世界，是因为在这些壁画、彩塑及藏经洞出土的文献中，真实地记录了当时的人们在想什么，在干什么，从不同角度反映了当时的社会生活，涉及政治、经济、军事、法律、哲学、宗教、民族、语言、文学、艺术、科学技术、文化教育等诸多方面，可以说是中国古代的一部百科全书。这些内容，值得今人了解、反思和借鉴，是帮助我们认识自己的一面镜子。

　　在藏经洞出土文献中，与法律有关的文书占据了相当部分，内容十分丰富，为了解我国古代法律文化提供了极其珍贵的历史资料。丰富多彩的敦煌壁画则从不同角度生动形象地反映了当时社会的生活场景和法律制度。

　　据有关专家学者研究，敦煌文献中的法律文书包括正典中的律、令、格、式，官府文书，判集案卷，各种契约等，仅依初步整理、注释、考证的法典残卷、状牒、判例、判集、案卷就有数十件，各类契约文书300余件。多数写本虽有残缺，但仍能大致反映原貌，有的一件多达数十、数百行，记载内容具体、详尽。特别是其中有关婚姻家庭制度、礼仪、风俗等内容的文书，对于了解我国古代法律制度的发展演变，有着不可替代的史料价值。

敦煌藏经洞出土的有关民事争讼、行政管理、兵事等方面的诉讼文书，内容涉及刑事犯罪、契约纠纷、工商贸易、遗产继承、侵权伤害等社会经济生活的各个方面，特别是敦煌遗书中保存了许多很有价值的案例、判集、官府文书等，丰富了我国法制史上较薄弱的诉讼资料，对认识我国特别是敦煌地区司法官职的设置与职权分工、诉讼审级、诉讼当事人、调查取证、审判过程、适用法律、判词、判决与执行等提供了第一手材料。

敦煌地区在民事活动中主张的平等协商、公平交易，承认并保护私有权，遵循"官有政法，民从契约"的"私法自治"原则，在商贸活动特别是在丝路贸易中彰显活跃、宽松、方便、互惠互利的精神，以及在民族关系中贯彻民族和睦团结、平等友谊的原则和思想，成为中华文明的重要表现形式。

几十年来，不少专家学者对敦煌壁画特别是敦煌文献中的法律文书进行了大量的研究，发表了一系列学术成果。但是，普通民众大多只是对敦煌壁画中的佛教故事画和飞天图

像，以及敦煌彩塑中的佛、菩萨造像等有所了解，而对藏经洞
出土的文书内容了解甚少，对敦煌文书中有关法律方面的内
容知之者更是寥寥无几。为此，我们尽量查阅有关专家学者
关于敦煌文献中法律文书的相关研究成果，并努力将这些学
术成果通俗化、普及化，希望能借此让更多的人进一步了解
敦煌，了解敦煌藏经洞出土文献，了解这些宝藏的历史价值
和现实意义，让这些宝藏的光芒照耀我们前行的路。

由于我们学识有限，特别是缺乏专业的法律知识，对敦煌
壁画和文献中许多内容的理解可能存在一些问题误差；对一些
法律文书的抄录和文字识别、标点等，也可能存在问题。

本书的编辑、整理、分类，主要是从通俗化、普及化的角
度考虑，从人们的社会关系、日常生活角度考虑，因而没有按
照真正的法律知识体系来整理、分类。

敦煌壁画，特别是敦煌藏经洞出土文书中蕴含的法律内
容非常多，本书所介绍的只是其中的点点滴滴。我这里抛砖
引玉，期望更多的人关注和从事将学术研究成果通俗化、普
及化的工作，更期望广大民众对敦煌文化乃至中国文化有更
深入、更全面的了解。

目 录

我国第一部水利法典——《开元水部式残卷》

敦煌地处内陆，四面被沙漠戈壁包围，自古干旱少雨。根据现代水文资料表明，全年降水量仅 37 毫米，而年蒸发量却高达 2400 多毫米。如果仅依靠天然降水，植物难以生长。敦煌之所以生机盎然，全赖河渠维持。

因此，敦煌建郡之初就开始兴建灌溉工程。汉元鼎六年（前 111 年）修建的马圈口堰，是敦煌绿洲第一道水利枢纽工程。据 P.2005《沙州都督府图经》记载："其堰南北一百五十步，阔廿步，高二丈，总开五门，分水以灌田园。荷锸成云，决渠降雨。"（图 1）此座堰坝至唐代依然是敦煌重要的灌溉设施。

据《三国志·魏书》卷一六记载，三国

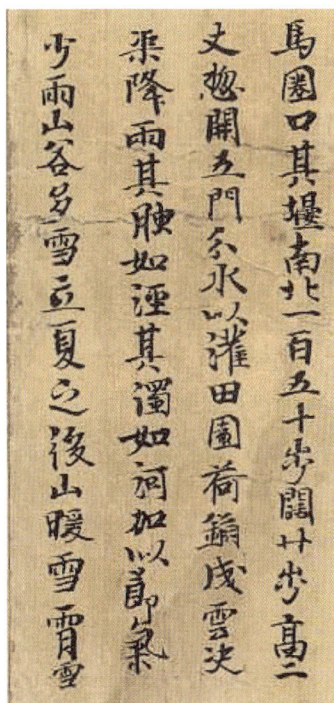

图 1　P.2005《沙州都督府图经》（局部）

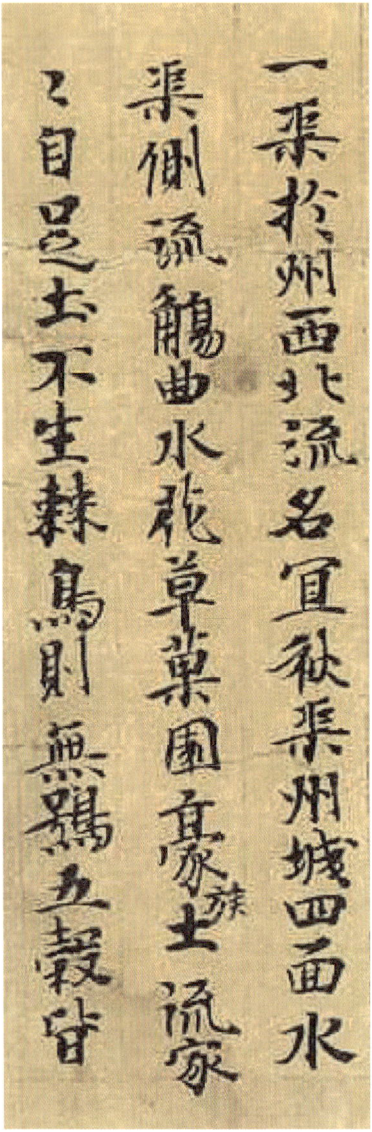

图 2　P.2005《沙州都督府图经》（局部）

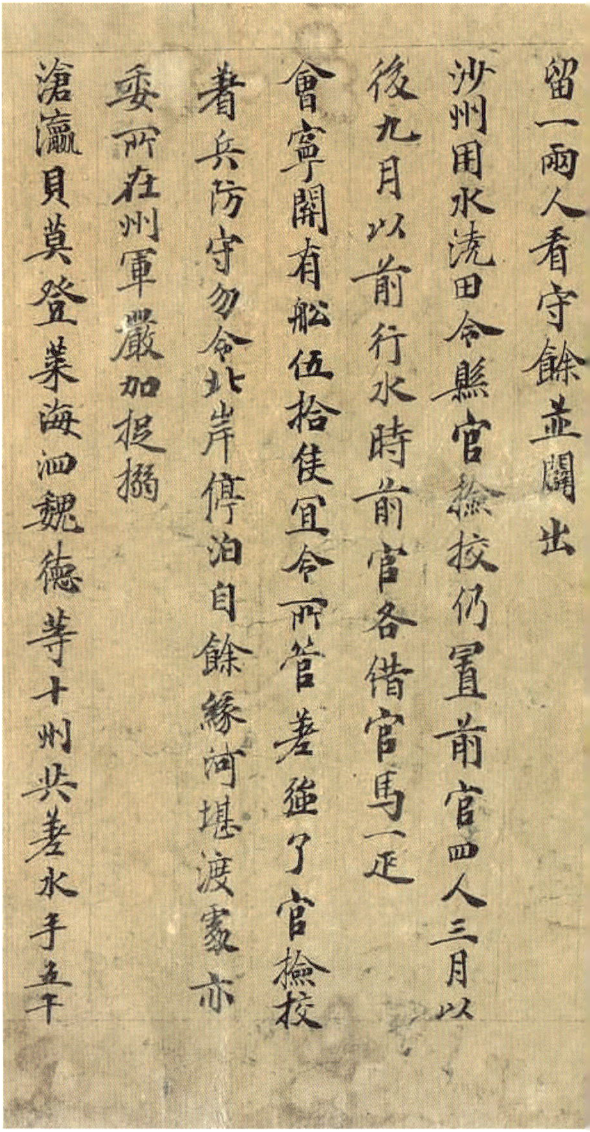

图 3　P.2507《开元水部式残卷》（局部）

魏敦煌太守皇甫隆"教作耧犁，又教衍灌，岁终率计，其所省庸力过半，得谷加五"。

西晋时，敦煌太守阴澹在"都乡斗门上开渠灌田，百姓蒙利而安"，因而称为阴安渠。东晋时，沙州刺史杨宣在"州南造五石斗门，堰水灌田，人赖其利"，因而称为阳开渠。后来杨宣又以"家粟万斛，买石修理"，建成长四十步、宽三丈、高三丈的北府渠，更是造福地方。后凉吕光时，敦煌太守赵郡孟敏在"甘泉都乡斗门上开渠灌田，百姓蒙赖"，因而称为孟授渠。

北朝时，敦煌地区水利设施已趋完备，耕地与沟渠纵横相连，交错分布。到了唐宋时期，敦煌水利设施的兴修达到了高峰，形成了密集而有序的灌溉网络，分布于绿洲区域。据P.2005《沙州都督府图经》（图2）记载，沙州城"四面水渠，侧流觞曲水，花草果园，豪族士流，家家自足"。

必须与灌溉工程配套的是相应的灌溉用水制度，敦煌藏经洞出土的P.2507《开元水部式残卷》，是迄今为止所知由中央政府作为法律正式颁布的第一部水利法典。其内容包括在农田水利用水灌溉之处，安斗门造渠，设渠长、斗门长，差官巡察；浇田须预知顷亩，先下后上；碾硙用水不得妨碍灌溉；桥梁管理维修、渡口船只管理、渔业管理、城市水道管理等。法典还特别提到"沙州用水浇田，令县官检校"（图3）。

水政管理上，在州府设都渠泊使，县设平头，乡设渠头等职，专司水利事宜。筑堤堵坝用的白刺、柽柳等野生植物都列为征收专项。在民间则成立渠人社，系由水渠附近的百姓自发结集组成，推举德高望

其口尊阿平六　不作寺以弟栈屋　弟　給杖□

如水受雨減　放東河循環溉溉　其行水時其件

如後　一每年行水春分前十五日行用若都鄉近秋不

通其水雨從都鄉不通虔溉溉披用次輪轉

向上泉前已來敬老相傳用為法則依問　前代平水

交尉宗褚前檢師張詞　卸彥等行用水法

永前已來遞代相氣用　△春分前十五行水護

永徽五年太歲在壬寅奉遣行水用曆日勘會

春分前十五日行水為曆日兩水合會每年辰兩水曰

行用尅涸辰次日為定不得達進如天晴邊暖河水消

菩渠 後依次取用 如水多不受 即放 陰安菩渠 取用

陰菩渠 平渠 堤角渠 右件次渠承 安渠八渠 後

依次取用 如水多受 即放頂秋几口西支渠 東阇浄

菩渠 西阇浄菩渠 右件渠次承頂秋头河母下尾取

開如水多即放後件渠 平都渠 夏受 交渠 右件渠承

頂秋東西支後取用水多不受 便放比件

洞母五渠口比件渠 神農渠 大渠 二年渠 頂穀渠

右件五渠承 比件河下尾取用 若水多不受依次放

後件渠 臨潭渠 抱壁渠 右件渠次承 比件等後

水多不受 即放俞牛渠 元穷口 足渠 王使渠

重且有丰富水利经验者担任社长、社官、录事等职，对于行水灌田、护理河渠及防洪抗灾所起作用甚大。由于上有专门的水司机构，下有广泛的渠社组织协同管理，形成了一整套行之有效的灌溉管理机制。

为了防止因用水不均而发生争端，必须有一套严格的用水制度来约束。P.3560《沙州敦煌县灌溉用水细则》便详细记载了敦煌地区各条干渠、支渠、斗渠的引水次序，配水时间，斗门管制，以及浇伤苗、重浇水和更报重浇水、浇麻菜水、浇正秋水等具体规定（图4）。

敦煌的历代政府和官员都非常重视当地的水利设施建设和灌溉用水管理制度。清雍正年间，从甘肃56州县移民来敦煌屯垦的多达2405户。官府组织移民开荒屯垦的同时在党河两岸还新修了水利设施，据《沙州卫志》记载："户民到沙给地屯种，首以水利为重。查沙州前因开东大渠、西大渠、西小渠三道，因有流沙淤塞，未能多为蓄水，令复加开修。"共开永丰、普利、通裕、庆余、大有五条水渠（后增至十条），分别够854户、519户、186户、190户、656户灌溉，并"随时修浚，毋使壅塞。嗣后，地方官按照举行，足屯垦永利"。还特别规定："户民到沙，既经授以田亩，水分已定，若无专管渠道之人，恐使水或有不均，易以滋弊。是以于各户内选择熟知水利者，委充渠长、水利之任，每渠一道，渠长二名，水利四名，令其专管渠道，使水时刻由下而上，挨次轮流灌溉，俾无搀越、偏枯等弊，则良田千顷，均沾水利矣。"

水利设施建设和灌溉用水管理制度，两者相互依存，缺一不可。它们是敦煌这片绿洲赖以生存的基础。因为有水，才出现了敦煌绿洲，因为有水，才造就了敦煌，也造就了莫高窟，造就了辉煌的敦煌文化。

鸠杖与《王杖诏书令》

　　敬老养老在中国古代有悠久的历史，是人们崇尚的传统美德。甘肃省博物馆珍藏的木、铜鸠杖和木简《王杖诏书令》，以及敦煌壁画中所绘的鸠杖，便是最好的历史见证。

图 1　木鸠杖　　　　　　　　图 2　青铜鸠杖首

甘肃省博物馆收藏有数根汉代木鸠杖，如武威磨嘴子13号汉墓出土的一根木鸠杖、18号汉墓出土的两根木鸠杖、武威旱滩坡出土的一根木鸠杖等。其中1984年武威五坝山23号汉墓出土的一根木鸠杖最为完整，该杖为松木质，长2.1米，制作精细，杖身光滑，杖端安装雕鸠，形象逼真（图1）。另外，甘肃省博物馆还收藏有青铜鸠杖首一件，该鸠杖杖首上部立一鸠鸟，鸟尖啄圆眼，有羽翼，尾部上翘；下部为安装杖柄的方銎，方銎四面中间及四边均有凸棱，每面的底部都有一个

图3　莫高窟盛唐第130窟甬道北壁《晋昌郡太守礼佛图》（段文杰　临）

图 4 莫高窟五代第 61 窟西壁《五台山图·文殊化老人》

用于加固杖柄的圆孔（图 2）。

  敦煌壁画中也绘有不少鸠杖，但形象不是很逼真，如莫高窟盛唐第 130 窟的甬道北壁《晋昌郡太守礼佛图》中，太守后面的侍从（儿孙）中，一人高举一赭黑色拐杖。杖首为"T"形，犹似雄鹰展翅，亦似飞翔的海鸥（图 3）。

  莫高窟五代第 61 窟西壁《五台山图》中，文殊老人右手握拐杖坐于石头上作讲话状。杖首为"T"形，两侧上翘，颇像一只鸟的形状（图 4）。

  莫高窟西夏第 97 窟南壁上排西起第一铺的罗汉双手持握一杖，杖首很像一只鸟，画有鸟嘴微张，也画有鸟的尾巴，这是敦煌壁画中比较典型的鸠杖（图 5）。

  莫高窟元代第 95 窟南壁西侧长眉罗汉双手持握一拐杖。参照人体比例，杖的长度约 170 厘米；杖首似一鸟形，系根据树干枝杈加工

图 5　莫高窟西夏第 97 窟南壁西侧　罗汉

修琢而成，属于鸠杖的变形；杖体为赭色（图6）。

鸠杖又叫王杖，因杖首为一圆雕鸠鸟形象而得名。据《后汉书·礼仪志》记载："仲秋之月，县道皆案户比民。年始七十者，授之以王杖，铺之糜粥。八十九十，礼有加赐。王杖长［九］尺，端以鸠鸟为饰。鸠者，不噎之鸟也，欲老人不噎。"也就是说，王杖是朝廷授予七十岁以上老人的一种权利性凭证，鸠鸟是一种敬老尊老的象征物。早在周代就有献鸠敬老的风俗，如《周礼·罗氏》中记载："罗氏掌罗乌鸟，蜡则作罗襦，中春罗春鸟，献鸠以养国老。"汉代朝廷颁行赐杖之制，以法定形式，将"养国老"的鸠鸟形象与杖相结合，明确定为尊老重孝的标志物。

图6　莫高窟元代第95窟南壁西侧　罗汉

汉代授予老年人王杖之制度的详细情况，史书上的记载很简略，而此类文书，目前全国只有武威出土，而且是文字王杖实物同时出现，并且记载内容非常丰富。其中以武威磨嘴子出土的《王杖诏书令》最为完整，最有价值。全文近600字，用27枚木简抄成，具体内容如下：

1. "年七十以上"的老

人，如果不是主谋或亲手杀人、伤人，"毋告劾，它毋所告"，即一般不起诉、不判刑。这条是关于老年人犯罪问题的规定，给予老年人法律优待。

2."年六十以上"无子女的鳏、寡老人，如果经商，免除一切苛捐杂税。如社会上有愿意"养谨"孤寡老人的，对这些家庭要"扶持"。

3.对孤独的"盲、珠孺（侏儒）"等残疾人，"吏毋得擅征召，狱讼毋得系"，既不得随便使役派用，又不能抓捕，在法律上给予保护。

4.对于"夫妻俱毋子男"的"独寡"家庭，种田、经商不收赋税，同时还允许经营特种行业，在市场卖"酒醪"。

5.同情关怀"耆老"，给高龄者"赐王杖"；在杖头饰鸠鸟，以方便百姓远远能"望见之"；鸠杖与朝廷使用的符节一样，是一种重要的凭证和地位的标志。持鸠杖的老者，可"出入官府节第，行驰道中"；经商不收税；有吏民"敢骂欧詈辱者"，按大"逆不道"之罪论处。

6.明确规定"年七十以上"的老人才能被授予"王杖"，持杖者的地位与"六百石"的官吏相同，"入官府不趋，吏民有敢欧辱者，逆不道，弃市"。

从以上诏令可以清楚地看到，汉代的优抚对象几乎覆盖了当时社会上的弱势群体，但特别偏重老年人。从政策倾斜上，涉及政治地位、法律援助、经济支持、生活关怀、社会扶持等诸多方面。其中特别是法律援助和经济支持，杀人不判罪，起诉不逮捕，法律是何等的宽容！经商不纳税，官营的酒类专卖业也允许经营，政策是何等的优惠！由此看来，一根普普通通的鸠杖，实际上是一项扶穷济困、帮弱助残的社会福利事业，二十余枚木简上书写的《王杖诏书令》，实际上是一部完整的汉代"老年人权益保护法"。

图 1　悬泉置遗址复原模型

悬泉置遗址的环保法令

据敦煌藏经洞出土唐代《沙州都督府图经》等文献记载，敦煌地区的古驿站有近 30 处。见于记载的驿站名称有：州城驿、清泉驿、横涧驿、白亭驿、长亭驿、甘草驿、阶亭驿、新井驿、双泉驿、第五驿、冷泉驿、胡桐驿、东泉驿、悬泉驿、鱼泽驿、无穷驿、容谷驿、黄谷驿等。

其中汉代悬泉置遗址（图 1）位于安敦公路甜水井道班南侧 1.5 公里的戈壁荒漠中，海拔 1700 米。东距瓜州县城 56 公里，西去敦煌市区 64 公里，为汉唐年间瓜州与敦煌之间往来人员接待和邮件中转的一大驿站。这里南依祁连山支脉火焰山，北临西沙窝，因有泉水从山口流下，悬空入潭，号曰悬泉。《西凉异物志》中说："汉贰师将军李广利西伐大宛，回到此山，兵士渴乏，广乃以掌拓山，仰天悲誓，以佩剑刺山，飞泉涌出，以济三军，人多皆足，人少不盈，侧出悬崖，故曰悬泉。"西汉时在此设"置"，即驿站，受敦煌郡效谷县节制，当时叫"敦煌效谷悬泉置"（图2）。据现有资料可以认定，悬泉置遗址时间上限

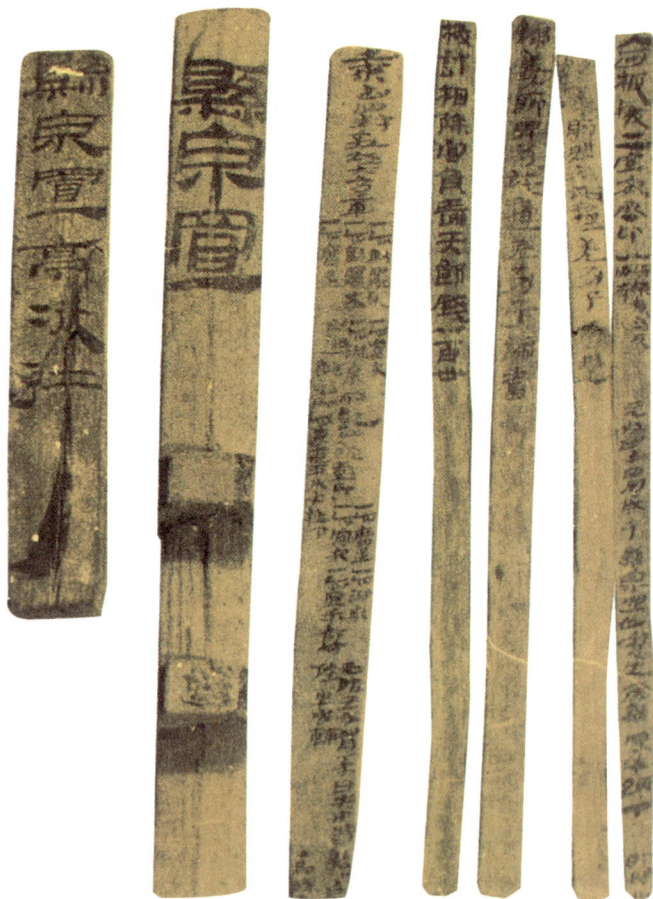

图2　遗址发掘的简牍中"悬泉置""悬泉置亭次行"等清晰字样

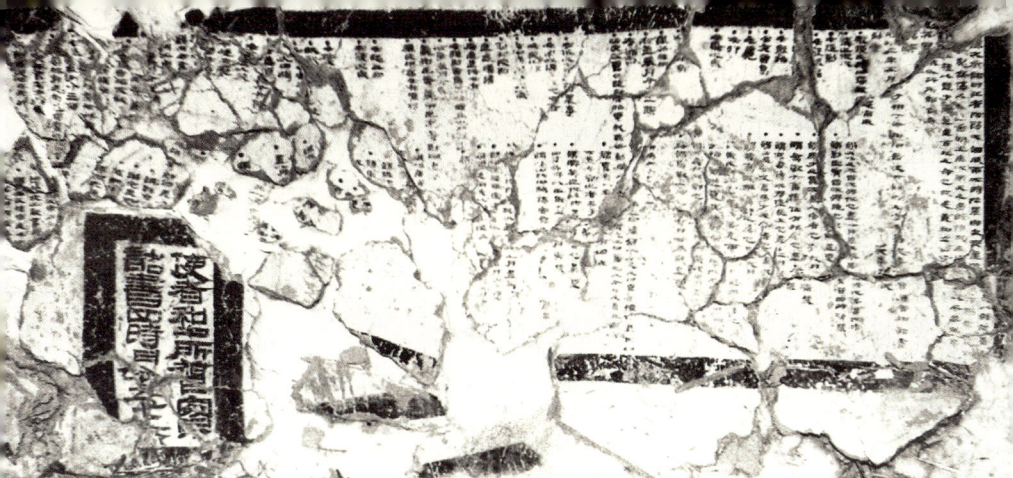

图 3 《使者和中所督察诏书四时月令五十条》

始于汉武帝太始三年（前94年），历经西汉、东汉，下限可至魏晋时期，前后延续了近 400 年。

悬泉置遗址现已发掘出土的各类遗物达 17650 件，其中简牍多达 1.5 万余枚。其他遗物以质地计，有铜、铁、漆、木、陶、麻、皮毛、丝绸、纸张、粮食、兽骨 11 大类；以用途计，则有货币、兵器、家具、工具、猎具、文具、服饰及日用杂品等，如钢箭镞、五铢钱、铁木工具、农具、带钩、陶罐、陶碗、漆木耳杯、石砚、画板、草、苇、竹席、梳篦、皮鞋、麻鞋、玩具，以及大麦、小麦、青稞、谷子、糜子、豌豆、扁豆、黑豆、大蒜、杏核、苜蓿、桃核、马骨和大量毛色鲜艳保存完整的马头、马腿等；就内容讲，大致可分为诏书、司法律令、官府文书、驿置簿籍等。

从现已揭露出来的遗址看，遗迹结构之完整、出土遗物之丰富、遗存保存之完好、文化内涵之广泛，实属近年来我国考古学界的重大收获之一。其中，有明确层位和准确纪年的西汉宣帝至哀帝时期（前73 年—前 1 年）书写墨迹的麻质纸的出土，对传统的东汉蔡伦造纸说，是无庸置疑的突破。

　　另外，出土文物中最引人注目的是坞内房舍北壁上的墨书题记，上面书写有一封诏书，题为《使者和中所督察诏书四时月令五十条》（图3）。经有关研究考证，认为此诏书是迄今为止我国发现最早的一部关于环境保护的法规。专家认定，这封诏书是西汉平帝时太皇太后发布的，由安汉公王莽奏请和逐级下达给群众的文书。文书的主体部分是月令五十条，主要围绕保护生态环境规定了四季的不同禁忌和需注意事项，如春季禁止伐木、猎杀幼小的动物、捕射鸟类、大兴土木等，夏季则禁止焚烧山林等，秋季规定禁止开采金石银矿等，冬季禁止掘地三尺做土活等。

　　如诏文中第9行："禁止伐木。谓大小之木皆不得伐也，尽八月。草木零落，乃得伐其当伐者。"第11行："毋杀□虫。谓幼少之虫、不为人害者也，尽九［月］。"第12行："毋杀孙。谓禽兽、六畜怀任（妊）有胎者也，尽十二月常禁。"第13行："毋夭蜚鸟。谓夭蜚鸟不得使长大也，尽十二月常禁。"第27行："毋焚山林。谓烧山林田猎，伤害禽兽□虫草木。"第32行："毋弹射蜚（飞）鸟，及张罗、为它巧以捕取之。谓□鸟也。"第42行："毋大田猎。尽八月。"第64行："毋采金石银铜铁。尽冬。"

　　所以有人认为，此诏书不仅是我国最早的一部"环境保护法"，而且还是世界第一部环保法令。

　　特别值得注意的是，这份诏书是书写在悬泉置坞堡房址的墙壁上，整个壁书长约222厘米，宽约48厘米，标题和正文各有一个由宽约2.5厘米的墨线绘成的栏框。其位置、大小、边框都非常醒目，显然是希望途经驿站的人都能清楚地看到，以真正起到广而告之和警示的作用。

秦鸢行盗案

在敦煌藏经洞出土的P.3813《文明判集》中，有一个涉及封建礼教与法律冲突，以及社会安定的秦鸢行盗案。其判词内容为："奉判，秦鸢母患在床，家贫无以追福。人子情重，为计无从，遂乃行盗取资，以为斋像。实为孝子，准盗法合推绳，取舍二途，若为科结？秦鸢母患，久缠床枕。至诚惶灼，惧舍慈颜。遂乃托志二乘，希销八难；驰心四部，庶免三灾。但家道先贫，素无资产，有心不遂，追恨曾深。乃舍彼固穷，行斯滥窃；辄亏公宪，苟顺私心，取梁上之资，为膝下之福，今若偷财造佛，盗物设斋，即得着彼孝名，成斯果业，此即斋为盗本，佛是罪根。假贼成功，因赃致福。因恐人人规未来之果，家家求至孝之名。侧镜此途，深乘至理。据礼全非孝道，准法自有刑名。行盗理合计赃，定罪须知多少，既无匹数，不可悬科，更问盗赃，待至量断。"（图1）

这个"秦鸢行盗"案，又叫作"行盗侍母"案。这一案例发生在唐代，案例的"主人公"名叫秦鸢，他为人忠厚，对父母孝敬，无奈家庭突遭不幸，其老母罹患很严重的疾病，终日卧病在床。孝顺的秦鸢想通过办佛事活动来祈求神灵保佑母亲身体健康，但因为家里没有钱，

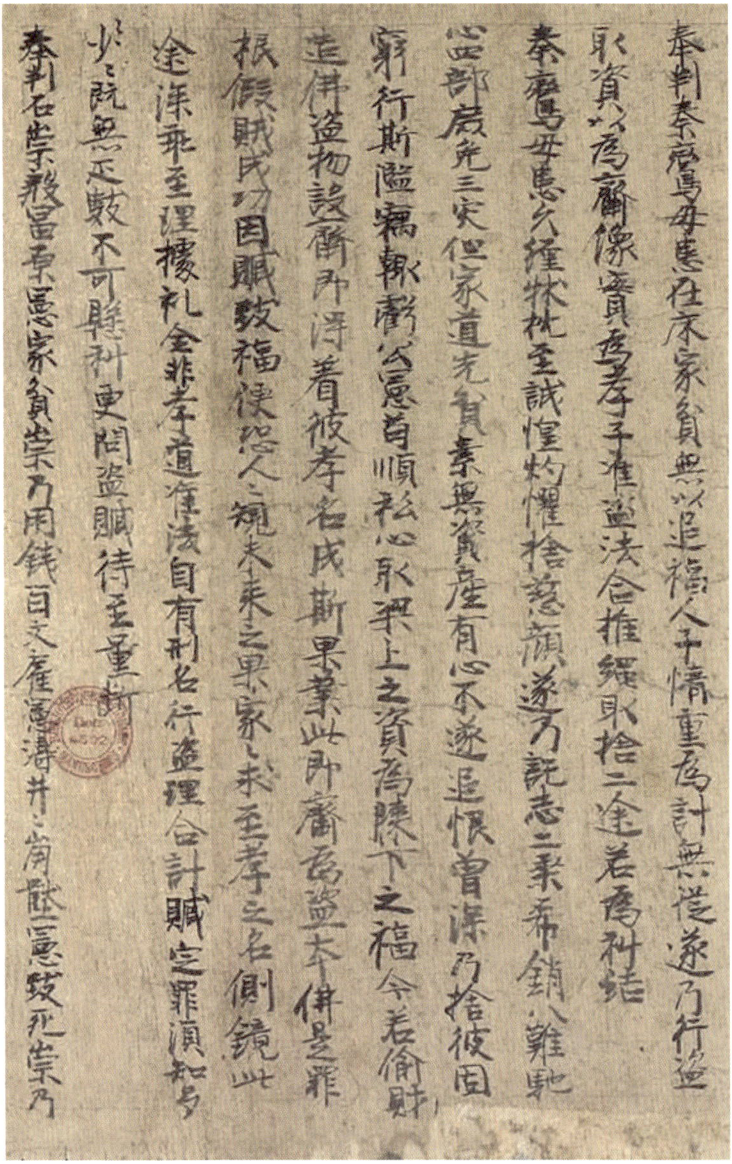

图 1 P.3813《文明判集》中的“秦鸾行盗”案

就去偷盗，用盗窃之资来供奉佛祖。按照一般人的理解，秦鸾的盗窃行为虽然有违国家律令，但符合封建礼教宣扬的孝道，符合人之常情。从宣传"孝道"的角度来看，秦鸾的"盗窃"行为不但不该受指责和处罚，甚至还是应该受到奖励的孝行。

　　但是，官府认为，虽然为母亲求福，"实为孝子"，但秦鸾行盗取资为患病母亲追福的作法是不可取的，如果不加以惩处，"恐人人规未来之果，家家求至孝之名"，如果人人都以尽孝的名义去做一些危害社会的事情，那社会就会乱套。秦鸾的行为"据礼全非孝道，准法自有刑名"，无疑构成盗窃罪，但必须按法计赃。由于拟判事实没有交待窃得的赃数，所以判词最后裁定说"更问盗赃，待至量断"，对秦鸾按照其偷盗的财物多少进行惩处。这道判文的结论说明制判者在定罪量刑时还是很注重证据、情节的，而且面对封建礼教与法律的冲突，以及社会的安定，其毫不犹豫地维护了法律的尊严。

河南丞使官钱案

敦煌藏经洞出土的P.3813《文明判集》中，有一个河南的地方官员用公家钱物办理自家丧事的河南丞使官钱案。

判词内容为："奉判：得葬专道，河南丞使官钱事。吴巩古训攸志，威仪不忒，合于中庸，是谓达礼。哀彼之子，执亲之丧。怨□风而莫追，痛昊天而在疚。封树遄迫，逃兹先启。日月其慆，将临甫□。□柩而窆，虽编于庶人；专道而行，许同于王者。且往实如慕，瞻遣奠而绝号。还则如疑，将返虞而不忍。知事道也，能用礼焉。若邻未达，其何妄告。筮事王朝，贰宰京邑，自可贞固守道，岂宜贪以败官。方令善政必录，徇财必□乱。敬声盗贿，须从丕弊。不疑平返，当实阅实。准律：以官物自贷用，无文记，以盗论；若有文字，减准盗论。诰以真盗，则铁冠失刑，绳以枉法，则墨绶伤重。载详决事之典，请依准盗之罚。"（图1）

这个案件中说，有一个河南的地方官员用公家的钱物办理自家丧事，官府判决时首先从封建礼教的角度论证了这名官员对死者尽孝道、行丧事之必要，指出此举为"知是道也，能用礼焉"，应该予以肯定。然而作为一名地方官员，"自可贞固守道，岂宜贪以败官"。针对河南地方官员用公家钱物办理自家丧事的贪污行为，判词征引律条进行评价："准律：以官物自贷用，无文记，以盗论；若有文字，减准盗论。诰以真盗，则铁冠失刑，绳以枉法，则墨绶伤重。载详决事之典，请依准盗之罚。"根据律法，这名官员应以"盗窃罪"论处，但在具体的量刑过程中还是援引了律文，经过了一番比对和分析，从而作出了符合实际的判罚。

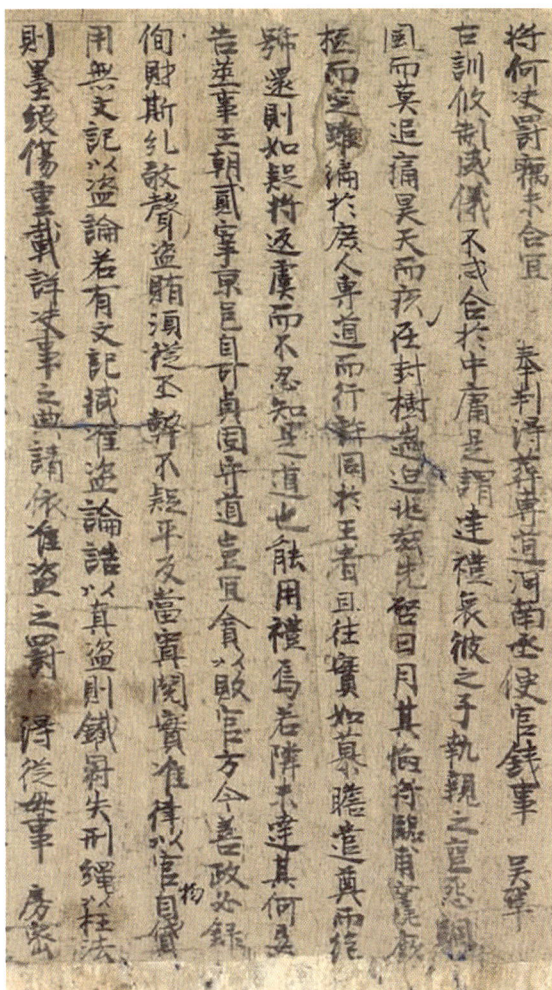

图1　P.3813《文明判集》中的"河南丞使官钱"案

压良为贱案

　　敦煌藏经洞出土文书P.4040《后唐清泰三年洪润乡百姓辛章午牒》，反映了敦煌当时的习俗，官府在判罚偷盗罪时，不仅要让偷盗者赔偿偷盗之物，还要在原告家里无偿服务。

　　文书内容为："洪润乡百姓辛章午状。右章午只缘自不谨慎，冒犯官□□条□格偷牛，罪合万死，伏蒙前王鸿造，矜舍罪偿，腹生女子一人，收将北宅驱使。伏奉处分遗章午与氾万通家造作，三五年间，便乃任意宽闲。章午陪牛之时，只是取他官布一匹，白羊一口，余外更不见针草。章午女子亦早宅内驱将，总合乎折已了。如此公子百姓，被他押良为贱，理当怨屈。伏望司空仁造，念见贫儿，矜放宽闲，始见活路，伏请处分，牒件状如前谨牒。清汰三年五月日百姓辛章午牒。"

　　这是一件压良为贱的案件。敦煌洪润乡有一位名为辛章午的百姓，由于他偷了一头牛，触犯了法律。当时官府考虑到辛章午家的实际情况，对他没有重罚，只是让辛章午的亲生女儿在"北宅"打杂，让辛章午本人为氾万通家劳作。辛章午在劳作期间，只收到氾万通给的官布一匹，白羊一口，并无其他酬劳。他的亲生女儿也在"北宅"被驱使了很长时间。按辛章午的计算，父女俩的长期无偿劳作，可以抵偿自己的罪了。但是氾万通还是不放过辛章午，让他继续工作，把他当作牲口奴隶对待。辛章午于是向官府申诉有关情况，让他重获自由。这件申诉文书反映了当时的惯例，官府在判罚偷盗罪时，不仅要让偷盗者赔偿偷盗物，自己乃至家人还要在原告家里无偿服务。

为了逃避徭役的离婚欺诈案

　　敦煌藏经洞出土的P.3813残卷《文明判集》尚存完整判词十九道，其中"田智休妻"的判词内容为："奉判：田智先聘孔平妹为妻，去贞观十七年大归。至廿一年，智乃诈大疾，县儿依定。至廿二年，智乃送归还平家，对村人作离书放弃。至永徽二年，智父身亡，遂不来赴哀。智母令唤新妇赴哀，平云久已分别，见有手书，不肯来赴。其平妹仍有妻名，在智籍下。其两家父母亦断绝。其妇未知离若为？孔氏总角初笄，早归田族。交欢就宠，蒸致寒暄，嫌婉绸缪，相期偕老。智乃心图异计，规避王徭，不顾同穴之情，俄作参商之隔。诈称大疾，送归（残缺）彼亲邻，给书离放。放后即为行路，两族俱绝知闻，覆水不可重（残缺）返，但事多开合，情或变通。法有画一之规，礼无再醮之义，违礼（残缺）如嫁女弃女，皆由父母，纵无恃怙，乃问近亲。智是何（残缺）一纸离书，离书不载舅姑，私放岂成公验。况田智籍（残缺）便除。且贯为黔首之根由，籍是生人之大信。今弃（残缺）之明条，顺匹妇之愚志，下材管见，窃所未通。追妇还（残缺）作疾，罪实难容，下县付推并自科上上。"（图1）

这道判词中说，田智娶孔平的妹妹为妻，后来田智称自己得了大病，就把妻子送回了娘家，并且委托村子的人写了一封休书。后来田智的父亲去世了，田智的妻子没有来。尽管田智的母亲多次让媳妇来吊唁，但是有休书在先，田智的妻子还是没有来。田智妻子的户籍仍然在田家，两家的父母也断绝往来。田智的妻子向官府申诉，要求给一个离婚的明确说法。官府对争讼的事实作了认定和评价，田智"诈称大疾"是"心图弄计，规避王徭"，其行为已"罪实难容"，假装得了大病，完全是出于逃避徭役的目的，这一行为已经触犯了法律。再者，田智并未经过父母同意就写休书给妻子，而是"对村人作离书弃放"，而且"一纸离书，离书不载舅姑"，与唐代律令规定的凡弃妻，皆须由夫手书离书，男女双方尊属、近亲及东西邻人同署才始生效的情况相违背，因此这份离书不具法律效力。故"一纸离书，离书不载舅姑，私放岂成公验"，更何况户籍还留在田家，户"籍是生人之大信"，所以制判者判定田智弃妻无效，孔平妹必须回到田家。

这道判文不但告诉人们初唐时期离婚权由男方掌握这一现实，还让人们了解当时离婚书应具备的形式要件，并强调离婚欺诈是要受法律追究的。

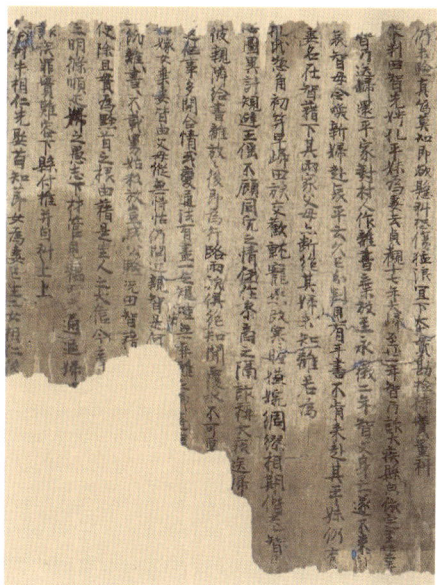

图1　P.3813《文明判集》中的"田智休妻"案

阿刘改嫁案

　　敦煌藏经洞出土的P.3813《文明判集》中，有一个梦合亡夫，以女代姑的阿刘改嫁案。

　　判词内容为："奉判：妇女阿刘，早失夫婿，心求守志，情愿事姑。夫亡数年，遂生一子，欻与亡夫梦合，因即有娠。姑乃养以为孙，更无他虑。其兄将为耻辱，随即私适张衡。已付娉财，克时成纳。其妹确乎之志，贞固不移。兄遂以女代姑，赴时成礼。未知合为婚不？刘请为孝妇，其理如何？阿刘夙钟深釁，早丧所天。夫亡愿毕旧姑，不移贞节。兄乃夺其冰志，私适张衡。然刘固此一心，无心再醮。直置夫亡守志，松筠之契已深。复兹兄嫁不从，金石之情弥固。论情虽可嘉尚，语状颇欲生疑。孀居遂诞一男，在俗谁不致惑？欻与亡夫梦合，梦合未可依凭。即执确有奸非，又无的状。但其罪难滥，狱贵真情。必须妙尽根源，不可轻为与夺。欲求孝道，理恐难从。其兄识性庸愚，未闲礼法。妹适张衡为妇，衡乃克日成婚。参差以女代姑，因此便为伉俪。昔时兄党，今作妇翁；旧日妹夫，翻成女婿。颠倒昭穆，移易尊卑。据法法不可容，论情情实难恕。必是两和听政，据法自可无辜。若也妄冒

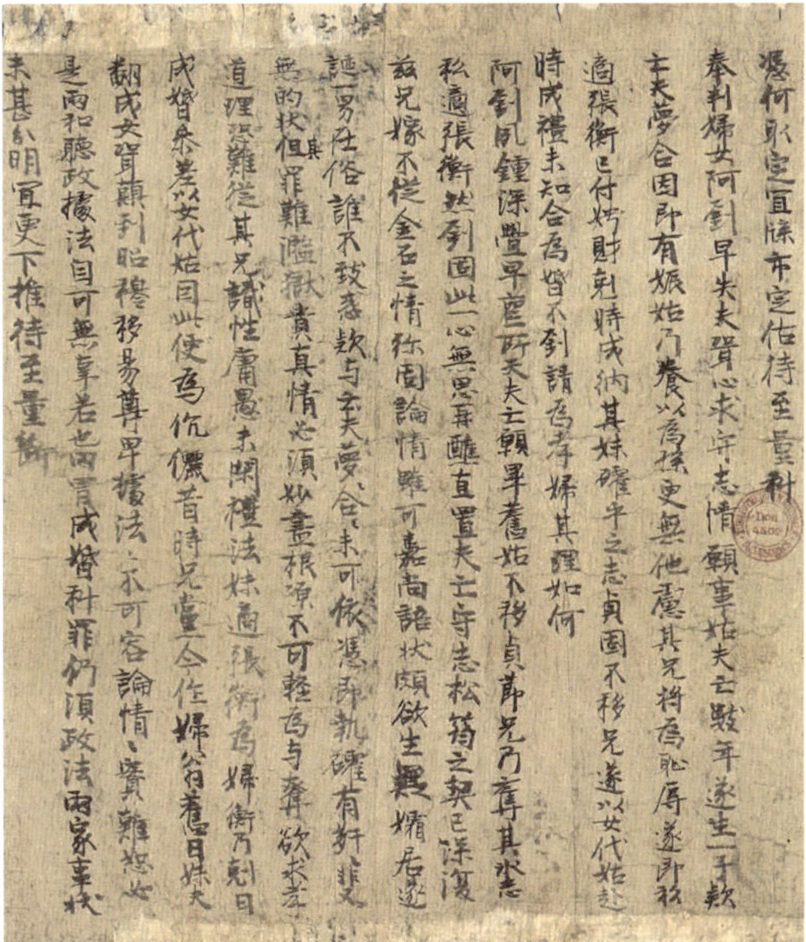

憑何即定　宜陳亦定　佇待至臺科

奉判婦女阿刘早失夫賢　心求守志情　顧事姑夫云數年　遂生二子數

主夫夢合因即有姻姑乃養以為孫　確乎之志貞固不移兄遂以女代姑赴

適張衡已付財乹時戎納其妹　更無他慮其兄将為恥辱遂即放

時戎禮未知合為贅不到請為孝婦其理如何

阿刘凡鍾深豐早寡所天云顧早舊姑不移貞節兄乃奪其狀志

兹適張衡然到固以一心無思乖離直置夫亡守志松筠之契已深復

兹兄嫁不遂全乞之情殊固論情雖可嘉尚論狀頗欲生嬰婿苟逐

誰罗在俗誰不致意欵与夫夢合未可依憑辞熱確有奸非

無的狀但罪難濫獄貴其真情悉須紹查根源不可輕為与奪欲求老

道理深難從其兄謙性庸愚未閑禮法適張衡為婦衡乃剋日

成贅柰柰女代姑固此使為恬懍首時兄盡今作婦翁舊日妹夫

翻戎夫賀頗到昭穆易尊卑摧法不可容論情寶難恕如

是兩和聽政擦法自可無辜若乞兩酉成贅科罪仍須政法兩家事校

未甚分明宜更下推待至量斷

図 1　P.3813《文明判集》中的"阿刘改嫁"案

成婚，科罪仍须政法。两家事状，未甚分明，宜更下推，待到量断。"
（图1）这个案子说，有个叫阿刘的妇女，老公早亡，立志不嫁，侍奉
婆婆，并肯定阿刘"不移贞节"的行为值得嘉奖。但是，阿刘在寡居
数年后，居然生了个儿子，自称有一次与亡夫梦合，故而怀孕。婆婆
于是将这孩子当作孙子来抚养。但阿刘的哥哥深以为耻，便自作主
张准备将阿刘嫁给一个叫张衡的人，并且收了人家的聘礼，只等择日
成婚。没想到阿刘坚决不肯改嫁，其兄只好将自己的女儿嫁给了张
衡。此事被人告发，同时有人为阿刘申请"孝妇"。官府的裁决认定，
阿刘在丈夫死后，孝敬婆婆是值得肯定的，但是孀居期间生子，从
情从理都不符合孝妇的要求。对于阿刘哥哥把妹妹许给张衡的行为，
是不懂礼法，以自己女儿代替妹妹嫁给张衡，这一事实必然导致"颠
倒昭穆，移易尊卑"，在出礼入法的封建社会，这属违法无疑，所以
判词说"据法法不可容，论情情实难恕"。官府又在审慎用刑的法律
思想指导下，对各自的责任依据唐律做了辨析。即如果"以女代姑"
是当事人双方自愿，则可以免除阿刘之兄的刑事责任；如果是欺骗对
方冒名成婚，则必须追究阿刘哥哥的刑事责任。判词最终作出了查
证后根据具体情况再进行判决的决定，即"宜更下推，待到量刑"。

叔父仗势欺负寡嫂和侄儿案

敦煌藏经洞出土P.2504文书《龙勒乡百姓曹富盈牒》，记录了一件大约发生在10世纪的经济纠纷案件，也是叔父倚仗权势欺负贫弱的寡嫂和侄儿的事例。

文书内容为："龙勒乡百姓曹富盈。右富盈小失慈父，独活艰辛。衣食之间，多有欠阙（缺），只有八岁驳马一匹，前日叔父都衙卖将，判绢两匹已来，内一匹断麦粟二十七石，内十二石直布两匹，又欠七石，又一匹断牛一头。过价之都衙领之。昨日富盈共寡妇母索马价去来，定延押衙应门，富盈母是他亲房婶婶岂有尊卑，去就骂辱贫穷，只出粗言。便拟挥拳应对，还答粗词。逐见都衙，乍二人饮气忍之。不是浪索马价，实乃有其辜欠。都牙（衙）累年当官，万物闰于舍中，富盈虽□微眷，久受单贫而活，如斯富者欺贫，无门投告，伏起（后缺）。"（图1）

文书中说，敦煌龙勒乡百姓曹富盈从小失去父亲，和母亲一起生活，日子过得很艰难，家里最值钱的财产只有1匹八岁种马。前日被身为都衙的叔父卖掉，判定值绢2匹。其中1匹绢判定值麦粟27石，这里的 12 石折成布 2 匹，又欠 7 石。另外 1 匹绢断牛 1 头。交割完之后，财物都被叔父领去。曹富盈与寡母去索取卖马的钱，叔父的儿子曹定延却口出粗言，甚至要挥拳相对。曹富盈认为，寡母是曹定延的亲房姊姊，曹定延不尊长辈，况且他们只是要卖马的钱，确实是叔叔亏欠了他们的钱，因而曹富盈向官府申诉，求得一个公道。在这个案件里，买卖以绢论价格，但是实际支付的时候则是麦粟、布匹和牲畜。比如 1 匹绢相当 27 石麦粟，而其中的 12 石麦粟又用 2 匹布来支付。究竟是叔父欠 7 石麦粟未给呢，还是所有的卖马钱都被他独吞了？情况不详。而叔父都衙的辩词也不清楚，也许他会强调这匹马是他与亡兄共同的财产，也未可知。或许曹富盈让当官的叔父去卖马，是希望获得一个好价钱。文书中还暗示分家后，当官的叔父从未接济过贫困寡嫂和侄儿的生活。

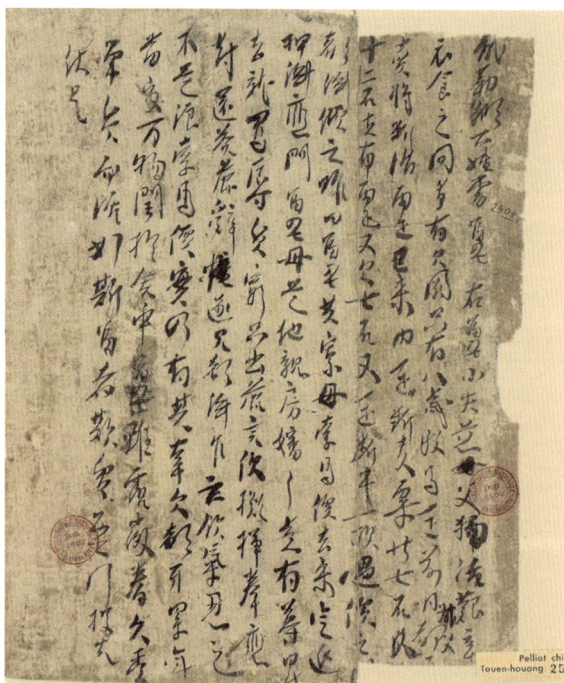

图一　P.2504《龙勒乡百姓曹富盈牒》

寡妇令狐氏起诉张鸾侵占房舍案

　　敦煌藏经洞出土文书S.5812《丑年（821年）八月女妇令狐大娘牒》，是吐蕃时期关于侵占房舍的纠纷案。

　　文书内容为："丝棉部落无赖扶相罗识人张鸾鸾见。尊严舍总是东行人舍收得者为主居住，两家住合平分总无凭据，后阁开府上尊严有文判，四至内草院不属张鸾分，强构扇见人侵夺，请检处实。论悉诺息来日，百姓论宅舍不定，遂留方印，已后现住为主，不许再论者。又论莽罗新将方印来，于亭之处分，百姓。田园宅舍依旧，亦不许侵夺论理。右尊严翁家在日，南壁上有厨舍一口，张鸾分内，门向北开。其时张鸾父在日，他取稳便，换将造堂舍了。尊严遂收门庑舍充支堂地替便，着畜牲。经四五年，张鸾阿耶更无论理。及至后时嫁女与吴铨，得他势便，共郭岁达相知，设计还夺堂舍，将直至蕃和已来，吴铨着马，后吴铨向东后，其庑舍常时尊严自收，着畜牲。经七八年，后至三部落了监军，借张鸾堂一，南房一，厨舍一，小庑舍，共四口，又借尊严庑舍草院，着马。亦经五六年，监军死后，两家各自收本分舍，更无言语论理。今经一十八年，于四月内，张鸾因移大门，不向旧处安置，更侵尊严地界已北，共语便称须共你分却门道，量度分割，尽是张鸾，及至分了，并垒墙了，即道，庑舍草院，先亦不属杜家。此人搅扰。公衙，既若舍等分，何经廿年以上不论，请寻问。右件人，从上已来，无赖有名，欺尊严老弊妇人，无处识故；又不论公衙道理，纵有言语，亦陈说不得。向里换舍子细，外人不知，并舍老人委知。南壁上将舍换庑舍口，张鸾所有见人，共他兄弟相似，及是亲情，皆总为他说道理。又云：你是女人，不合占得上舍，气（岂）有此事。丝棉部落人论事，还问本部落见人为定。自裁自割，道理自取。尊严妇人，说理不得论。若后母怜儿乳，亦终当不与。伏望殿下仁明详察处分。牒件状如前谨牒。丑年八月日女妇令狐大娘牒。"

这是一件吐蕃占领时期的牒文，是令狐氏起诉张鸾侵占房舍的纠纷案。早在吐蕃占领沙州以前，令狐氏的父亲已在使用庑舍，后被张家女婿吴铨侵占。直到吐蕃占领敦煌，吴铨离开后，令狐氏的父亲才收回房舍。后来，吐蕃的一个监军借了令狐氏家和同院张鸾家的几间房子。过了大概五六年，监军死了，房子各自收回，并没有什么争议。又过了若干年，张鸾家移大门，乘机又把令狐氏家的房子占了。无助的寡妇令狐氏被欺负，无人帮助伸张，只好自己上告，乞求公断。由于没有下文，无从得知最后判决的结果。两家的矛盾由来已久，而且吐蕃当局也进行过处理，处理矛盾的原则以维持现状为主，但是深层次的矛盾还是没有解决，并为后来张鸾再一次侵占房屋埋下了伏笔。

寡妇阿龙地产诉讼案

敦煌写本P.3257《后晋开运二年（945年）寡妇阿龙地产诉讼案》（图1—图3）是我国较早且记载完整的一宗民事诉讼档案，原文如下：

（一）寡妇阿龙

右阿龙前缘业薄，夫主早丧，有男义成，先蒙大王世上身着瓜州。所有少多屋舍，先向出买与人，只残宜秋口分地二十亩已来，恐男义成一朝却得上州之日，母及男要其济命。义成瓜州去时，地水分料分付兄怀义佃种，更得□房索佛奴兄弟言说，其义成地空闲。更弟佛奴房有南山兄弟一人投来，无得地水居业，当使义成地分二十亩，割与南山为主。其地南山经得三两月余，见沙州辛苦难活，却投南山部族。义成分地，佛奴收掌为主，针草阿龙不取，阿龙自从将地，衣食极难。恳求得处，安存贫命，合阿龙男义成身死，更无丞忘处男女恩亲。缘得本居地水，与老身济接性命。伏乞司徒阿郎慈祥照，特赐孤寡老身念见苦累。伏听，公凭裁判处分

牒件状如前，谨牒

开运二年十二月□日寡妇阿龙牒

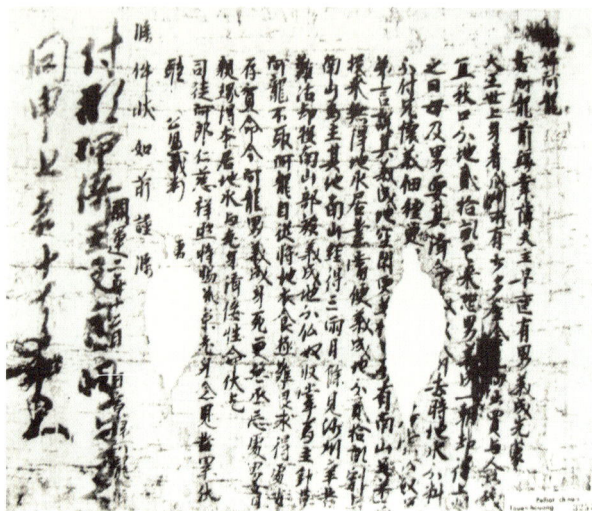

图 1　P.3257 写卷（一）　　　　　　　　图 2　P.3257 写卷（二）

付都押衙王文通细与寻问申上者

十七日曹元忠（签字）

（二）甲午年二月十九日，索义成身着瓜州，所有父祖口分地三十二亩，分付与兄索怀义佃种。比至义成到沙州得来日，所着官司诸杂烽子，官柴草大小税役，并总兄怀义应料，一任施功佃种。若收得麦粟任自兄收，颗粒也不论说。义成若得沙州来者，却收本地。渠河口作税役不干，自兄之事。两共面对平章，更不许休悔者，如先悔者，罚壮羊一口。恐人不信，故立文凭，用为后验□。

佃地人兄索怀义（押）

种地人索富子（押）见人索流柱（押）

见人书手判官张盈润（押）

（三）都押衙王文通

右奉判，付文通勘寻陈（状寡妇阿龙）及取地佃索佛奴据状词理，细与寻问申上者。

问得佃索佛奴称，先有亲叔索进君幼小落贼，已经年载，并不承忘，地水屋舍，并总支分已讫。其叔进君贼中偷马两匹，忽遇至府官中纳马匹。当时恩赐马贾（价）得麦粟一十硕，立机牒五匹，官布五匹。又请得索义成口分地二十二亩，进君作户主名，佃种得一两秋来。其叔又居部族，不乐苦地，却向南山为活。其地佛奴承受，今经十一余年，更无别人论说。其义成瓜州治死，今男幸通及阿婆论此地者，不知何理。伏请处分。

取地人索佛奴左手指节（印）

问得陈状阿龙称有男索义成犯公条，遣着瓜州，只残阿龙有口分地三十二亩，其义成去时，出买（卖）地十亩与索流柱，余二十二亩与伯父索怀义佃种，济养老命。其地，佛奴叔贼中投来，本（分）居父业，总被兄弟支分已讫，便射阿龙地水将去。其时欲拟咨申，缘义成犯格，意中怕怖，因兹不敢词说。况且承地叔在，不合论诤。今地水主叔却投南山去，阿龙口分别人受用。阿龙及孙幸通无路存济，是故陈状者，有实。

陈状寡妇阿龙右手中指节（印）

问得佃种伯父索怀义称，先任义成犯罪遣瓜州，地水立契仰怀义作主佃种，经得一秋，怀义着防马群不在。比至到来，此地被索进君射将。怀义元不是口分地水，不敢论说者，实有。立契佃种人索怀义左手中指节。

右谨奉，付文通勘寻陈状寡妇阿龙及侄索佛奴、怀义词理，一一分析如前，谨录状上。

牒件状如前，谨牒

开运二年十二月日左马部都押衙王文通牒。

其义成地分赐进君，更不迴戈，其地便任阿龙及义成男女为主者。

廿二日曹元忠（签字）

此案是有关土地使用权诉讼的案件，第一部分为寡妇阿龙的诉状及曹元忠受理案件的批示，第二部分系索义成与索怀义的佃地契约，第三部分乃左马步都押衙王文通的询问记录、当事人的口供及曹元忠对案件的判决批示。

案情大意为寡妇阿龙丈夫早丧，儿子义成犯法被遣瓜州，家中原有口分地 32 亩，义成出去时卖掉 10 亩，留下 22 亩交由伯父索怀义佃种。索怀义"作主佃种，经得一秋"便"着防马群不在"而没有耕种，导致土地空闲撂荒。后来，索佛奴叔叔索进君从贼窝中回来，并偷得贼马，交给官府一匹，受到奖励，"恩赐马贾（价）得麦粟一十硕，立机牒五匹，官布五匹"。同时，索进君又欲"分居父业"，但因索进君"幼小落贼，已经年载"，本应由索进君继承的父业已被兄弟分割完毕。于是索进君就把原由索怀义佃种现空闲的土地登记在自己名下。可是，索进君因久居部落，"不乐苦地"，很快离开了家乡，从此土地便为索佛奴所种。寡妇阿龙在儿子义成死后，与孙子幸通生活困难，所以向归义军衙门提起诉讼，要求收回土地。节度使曹元忠最后的判决是其土地不再办理过户手续，直接由"阿龙及义成男女为主者"。

显然，在这张盖着法国国家图书馆印章的案卷上，记载着阿龙丧夫丧子的痛楚，和她奋力从小叔子手中夺回土地的顽强，还有她留在案卷上的右手中指标记。

这份案卷，不仅反映了归义军曹元忠时期的司法制度，包括土地制度、民事诉讼中的变更之诉、证据制度、契约效力等，同时反映了唐五代时期敦煌地区农村妇女敢于打官司、依靠法律维权的精神。

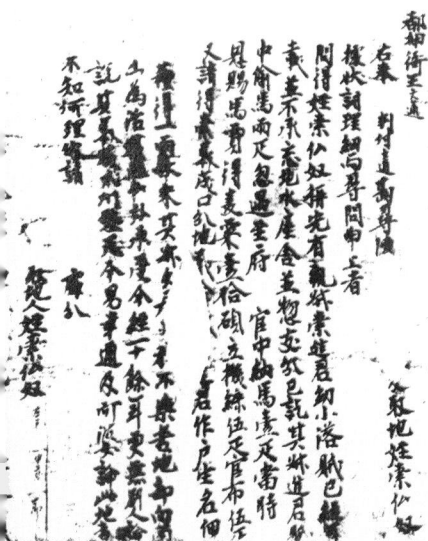

图 3　P.3257 写卷（三）

张氏免除封号案

敦煌藏经洞出土的P.3813《文明判集》中，有一个丈夫犯罪被免除官职后，妻子的封号也随之被取消的"张氏免除封号"案。判词内容为："奉判，雍州申称地狭，少地者三万三千户，全无地者五千五百人，每经申请，无地可给。即欲迁就宽乡，百姓情又不愿。其人并是白丁卫士，自役不轻，若为分给，使得安稳。又，前折冲赵孝信妻张，有安昌郡君告身。其夫犯奸除名，主爵追妻告身。张云：夫主行奸，元不知委，不服夺告身事。用天分地，今古共遵，南亩东罪，贵贱同美。雍州申请地狭，百姓口分不充。请上之理虽勤，抚下之方未足。但陆海殷盛，是号皇居；长安厥田，旧称负墩。至如白丁卫士，咸曰王臣，无地少田，并皆申请。州官量其贫富，均役有无。给须就彼宽乡，居宅宜安旧业。即欲迁其户口，弃彼□榆，方恐楚秦未穷，越吟恩切。既乘宪纲，又□人情；公私两亏，窃未为允。且赵信身任折，爵班通贵，朝仪国范，顺亦应知。自可志励冰霜，心齐水镜，岂得监临之内，恣彼淫奔。无存秉烛之仁，独守抱梁之信。贞清莫着，秽浊斯彰。败俗伤风，此而尤甚。但奸源已露，罪合除名，除名官爵悉除，资阴理从斯尽。妻张本缘夫职，因夫方给郡君。在信久已甘心，于张岂劳违拒。皮既斯败，毛欲何施！颖云，不委夫奸，此状未为通理，告身即宜追夺，勿使更得推延。"（图1）

这个案件中的赵孝信原来是折冲府的都尉，他的妻子姓张。按照唐代制度规定，丈夫是四品官，妻子也要被授予郡君的封号。因此张氏被封安昌郡郡君。后来赵孝信犯罪，被免除官职，吏部也要取消了张氏的封号。张氏认为丈夫所犯的罪行跟自己没有什么关系，不该取消自己的封号。官府的判词做了一番辨析，认为"除名官爵悉除，资阴理从斯尽"，既然赵孝信的官职被免除，那么他所享受的一切特权也应该停止，包括妻子张氏的封号。最后的结论是取消张氏的封号，不得拖延。

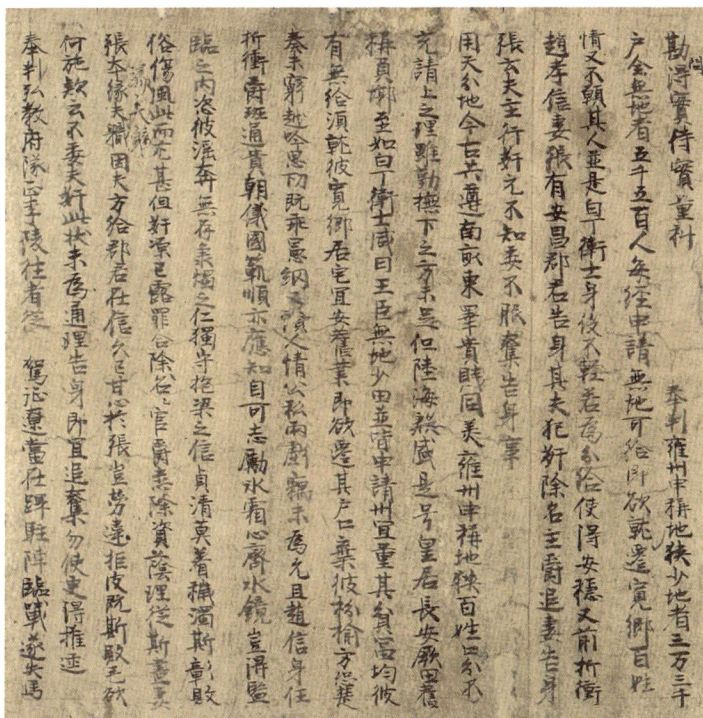

图一　P.3813《文明判集》中的「张氏免除封号」案

宋玉认子案

　　敦煌藏经洞出土的P.3813《文明判集》中，记载了一个关于子女归属与抚养权的宋玉认子案。

　　判词内容为："奉判：黄门缪贤，先娉毛君女为妇。娶经三载，便诞一男。后五年，即逢恩赦。乃有西邻宋玉，追理其男，云与阿毛私通，遂生此子。依追毛问，乃承相许未奸。验儿，酷似缪贤；论妇状，似奸宋玉。未知儿合归谁族？阿毛宦者之妻，久积标梅之叹。春情易感，水情难留。眷彼芳年，能无怨旷。夜间情调，思托志于相如。朝望堆垣，遂留心于宋玉。因兹结念，夫复何疑。况玉住在西邻，连薨接栋，水火交贸，盖是其常。日久月深，自堪稠密。贤乃家风浅薄，本阙防闲。恣彼往来，素无闺禁。玉有悦毛之志，毛怀许玉之心。彼此既自相贪，偶合谁其限约。所疑叹言未合，当是惧此风声。妇人唯恶奸名，公府岂疑披露。未奸之语，实此之由。相许之言，足堪明白。贤既身为宦者，理绝阴阳，妻诞一男，明非已胤。设令酷似，似亦何妨。今若相似者例许为儿，不似者即同行路，便恐家家有父，人人是男，诉父竞儿，此喧何已。宋玉承奸是实，毛亦奸状分明。奸罪并从赦原，生子理

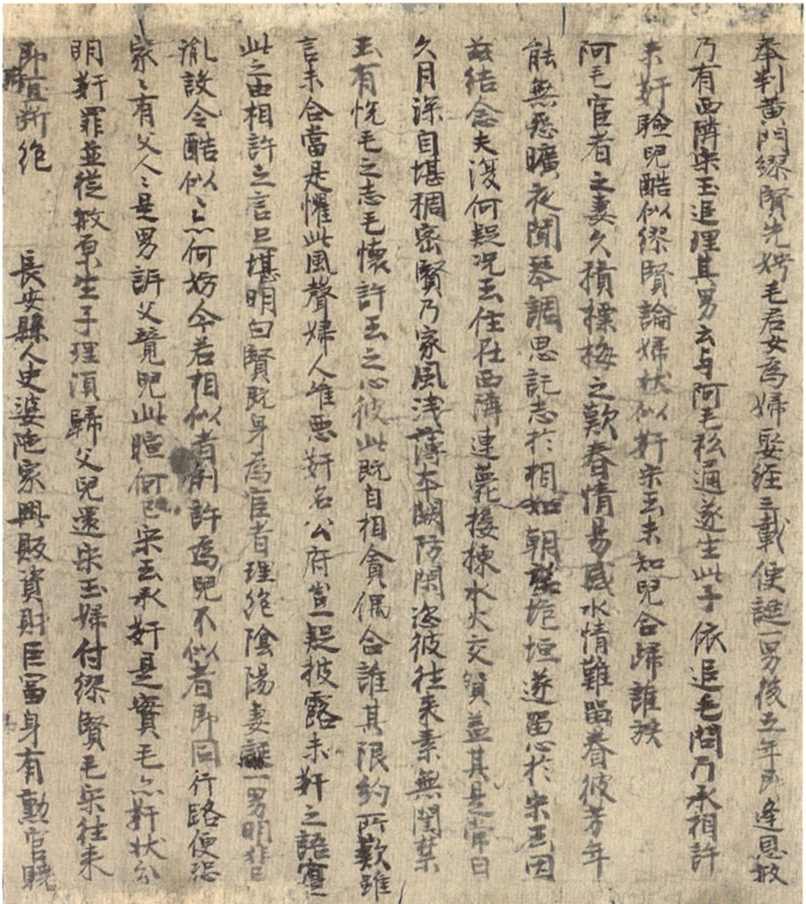
奉判黄門繆賢先娉毛君女為婦娶經三載便誕一男後五年亦逢恩赦
乃有西隣宋玉追理其男云與阿毛私通遂生此子依追毛問乃承相許
未奸驗兒酷似繆賢論婦狀似奸宋玉未知兒合歸誰旋
阿毛宦者之妻久積摽梅之歎春情易感水情難留眷彼芳年
能無怨曠夜聞琴調思託志於相如朝聽詩垣遂留心於宋玉因
茲結念夫復何疑況玉住在西隣連甍接棟水火交貿蓋其是常日
久月深自堪稠密賢乃家風淺薄本闕防閑遂彼往來素無聞禁
玉有悅毛之志毛懷許玉之心彼此既自相貪偶合誰其限約所歎雖
言未合當是懼此風聲婦人唯惡奸名公府豈不起披露未奸之語寧
此之由相許之言足堪明白賢既身為宦者理絕陰陽妻誕一男明非
胤設令酷似似亦何妨今若相似者例許為兒不似者即同行路便恐
家家有父人人是男訴父覓兒此膽何已宋玉承奸是實毛亦奸狀分
明奸罪並從赦免生子理須歸父兒還宋玉婦付繆賢毛宋往來
即宜断絕　長安縣人史婆陀家興販資財巨富身有勳官驍

图 1　P.3813《文明判集》中的“宋玉认子”案

须归父。儿还宋玉，妇付缪贤，毛宋往来，即宜断绝。”（图 1）

这个案子说，宦官缪贤娶了一位姓毛的妇女为妻，三年过后，阿毛生下一男孩。缪贤的邻居宋玉认为这个男孩是他和阿毛私通生下的，要求抚养这个男孩。官府追问阿毛，阿毛否认和宋玉有私通关系。官府从人性的角度分析认为，阿毛是宦官的妻子，由于夫妻之间得不到正常的交流，因而一些感情无法释放。而且缪贤家风不严，再加上缪贤和宋玉是邻居，两家来往过密，日久天长导致阿毛和宋玉私通。至于阿毛否认两人的不正当关系，是因为"妇人唯恶奸名"，害怕背上通奸的罪名，因此阿毛的话不能采信。官府进一步分析，指出关键事实所在，"贤既身为宦者，理绝阴阳"。孩子虽然相貌长得像缪贤，但是缪贤曾是宦官，不可能有生育能力。所以父子相像，也不足为凭。官府还从对社会的影响等方面做了充分的考虑，如果相貌相似者就是父子的话，那社会岂不乱套。判词用一番周密的推论来说明事理："今若相似者例许为儿，不似者既同行路，便恐家家有父，人人有男，诉儿竞儿，此喧何已。"通过细密周全的层层推理，最后作出了"宋玉承奸是实，毛亦奸状分明。奸罪并从赦免，生子理须归父。儿还宋玉，妇付缪贤"的判决，令人折服。尤其不能忽略的是，附带警示毛、宋二人应断绝往来。

　　这一判词从诸多方面反映了唐代的社会现实问题，"生子理须归父""儿还宋玉"，是就子女归属与抚养作出的判决，反映了唐代在亲子认定中的法律观念、法理原则。"妇付缪贤"，表面上看是对合法夫妻关系的肯定，但事实上不仅仅如此，既承认了宦官娶妻的客观事实，又与唐代宦官娶妻成家、收养子女的历史事实相符。

兄弟间债务分担案

敦煌藏经洞出土文书P.3501《后周显德五年（958年）押衙安员进等牒》，是一件涉及兄弟间的债务分担问题的案件。

文书内容为："莫高乡百姓王员定。右员定、共弟员奴、员集，虽是同父母兄弟，为贫鄙各觅衣粮，三个于人边寄货。今被员奴、员集口承新乡，三人债负停头分张已定。其他去后债务追撮员定分料。舍壹口子城外园舍地叁亩，更不残寸坺。又恐后时员奴、员集该论，伏乞令公鸿造，高悬志镜，鉴照贫流，特赐判凭，伏请处分。牒件状如前谨牒，显德五年四月日，莫高乡百姓菜员深。"（图1）

这份涉及兄弟间债务分担问题的案件，发生在后周显德五年（958年），敦煌莫高乡百姓王员定、王员奴、王员集兄弟三人都是同胞兄弟，由于家里贫穷，三人都在外边做自己的营生。后来，王员奴、王员集已经落户到新的地方去了。三人的债务已经分割完毕，剩下的债务由王员定来负责偿还。作为补偿，王员定得到房舍一间、城外园舍地三亩，为了不使王员奴、王员集今后来要这份产业，王员定请求官府给一个判定。我们无法判定这些兄弟是同籍还是异籍，显然他们在父母死亡时并没有分家，王员定、王员奴只是到新的地方落户，他们自然有参与处理父祖遗产和债务的权力。

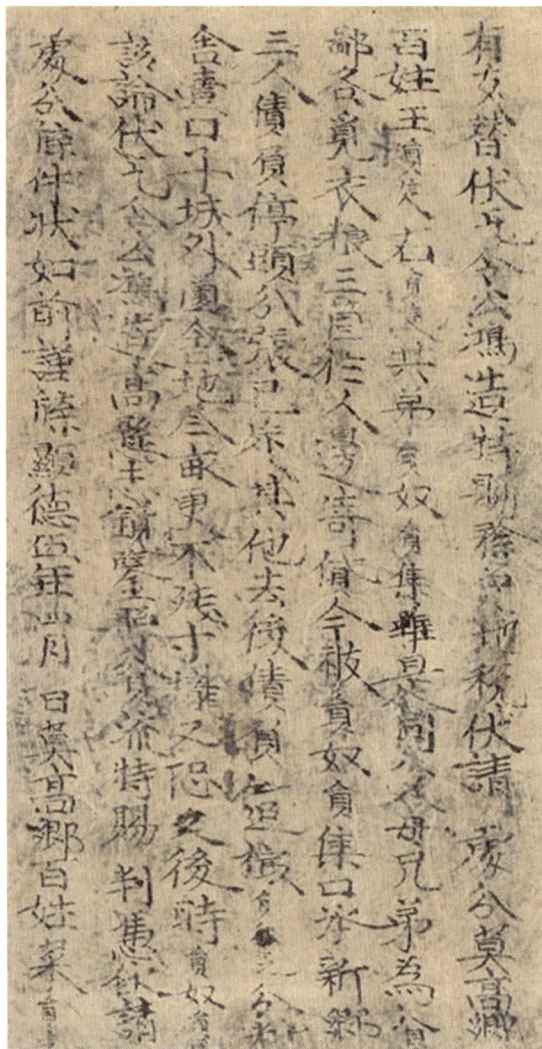

图一　P.3501《后周显德五年（958年）押衙安员进等牒》（局部）

王盈子兄弟四人债务案

敦煌藏经洞出土文书S.4654《丙午年（946年）前后沙州敦煌县慈惠乡百姓王盈子兄弟四人状》，是一件关于兄弟债务问题的案件。

文书内容为："慈惠乡百姓王盈子、王盈君、王盈进、王通儿。右以盈子等兄弟四人，是同胞共气兄弟，父母亡殁去后，各生无义之心，所有父母居产田庄、屋舍四人各支分。弟盈进共兄盈君一处同活，不经年载，其弟盈进身得患累，径数月险治不可（好）。昨者至□更兼盈进今岁次着重役，街□无人替当，便作流户。役价未可填还，更缘盈进病亡时，弟债油面债将甚繁多，无人招当。并在兄盈君上□其亡弟盈进分了城外有地七亩，有舍一，城内有舍□况与盈君□□□取填还债负如后。（以下文字模糊不清）"

这是一件关于兄弟债务问题的案件。敦煌慈惠乡王盈子、王盈君、王盈进、王通儿四人是同胞兄弟，父母去世后分家。父母所有财产（田地、屋舍）四人各分得一份，弟弟盈进和二哥一同居住，盈进不到一年就病亡。盈进还在世时就身患重病，当年轮到他要承担重役时，由于重病无人承担，就被当作流户看待。流户需要交纳一定的钱物才能免于服役，但是盈进拿不出这笔钱，按规定应该由生活在一起的盈君承担。而盈进生病时，本来就欠了很多债务落在盈君头上，再加上这笔钱，盈君认为不堪重负，提出要把盈进在城外的 7 亩土地和城内外的房舍拿来还债和交纳这笔免役钱。下文的内容不太清楚，大体是长兄盈子对于此事有不同看法，不让用盈进的房屋田地来抵债。假若如此，那么所有负债及役价就得由同居之户王盈君负担，为此王盈君提出诉讼。可以设想，此时盈进显然没有家室，他死后便成了绝户，绝户的财产是可以由近亲收管的，只要盈进没有遗嘱给盈君，那么财产就可以几个兄弟共同分割，这也许就是盈子不同意轻易卖掉弟弟财产的原因。

赵寿申请义门案

　　敦煌藏经洞出土的P.3813《文明判集》中，有一个教育无赖之徒奋起从善，勉励有志之士更加努力的赵寿申请义门案。

　　判词内容为："奉判：赵州人赵寿，兄弟五十余人，同居已经三纪。上下和睦，名著乡闾。虽恭顺有闻，更无瑞膺。申请义门，未知合不？赵寿早遇昌辰，幸沾唐化。遂能怀恭履信，砥义栖仁，穆彼家风，光斯里闾。故以天伦义重，嗟断臂而增怀，同气情深，叹唇亡而轸虑。遂乃一门之内，五十余人，人耻薛苞之异，居慕姜肱之共被。一荣花萼，三纪于兹。亲亲之义既隆，怡怡之颜斯在。虽尺布斗粟，俱怀饮啄之欢。弟瘦兄肥，无惮干戈之险。遂使桓山四鸟，长销离别之声。田氏三荆，永茂连枝之影。宜可嘉其节义，旌以门闾。庶使无赖之人，挹清风而知耻；有志之士，仰高躅而思齐。宜即下州，允其所请。"（图1）

　　这份判词说，赵州有一个叫赵寿的人，家里兄弟有五十多人，住到一起已经有三十多年了。他们彼此关系和睦，在当地非常有名。赵州向政府申请"尚义之家"。官府的判词从提倡孝悌的儒家礼法出发，为了鼓励兄弟之间要友爱相处，表明应该"嘉其节义，旌以门闾"，便

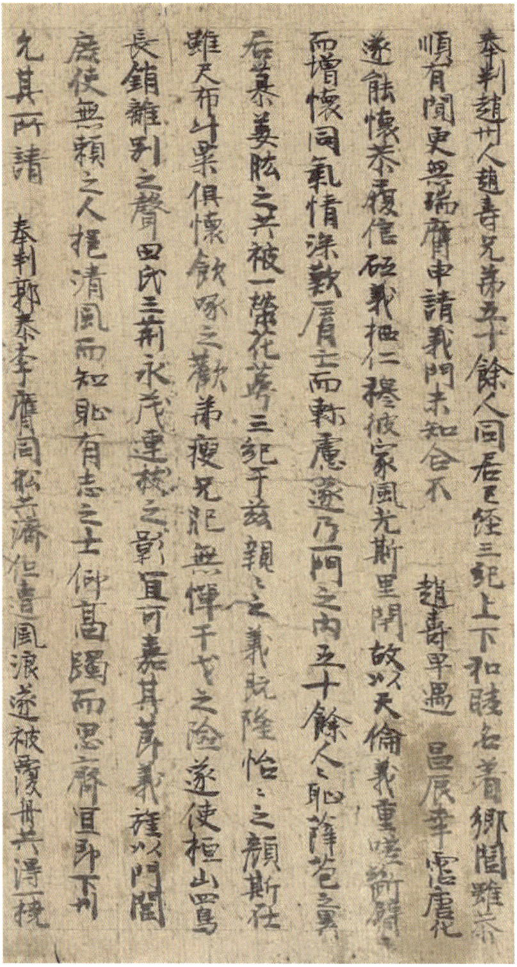

图 1　P.3813《文明判集》中的"赵寿申请义门"案

表彰他们的和睦家风。这不仅仅是在宣传儒家的伦理道德，并指出这样做是为了"庶使无赖之人，抱清风而知耻；有志之士，仰高躅而思齐"，即教育无赖之徒奋起从善，勉励有志之士更加努力。这类有关行政管理的判文，很注意行政决定与社会效果的辩证关系，无疑对社会稳定、树立良好社会风气有促进作用。

兄弟三人迁籍侍母案

　　敦煌藏经洞出土的P.3813《文明判集》中，有一个维护人伦、提倡孝道的兄弟三人迁籍侍母案。

　　判词内容为："奉判：宋里仁兄弟三人，随日乱离，各在一所。里仁贯属甘州，弟为贯属鄂县，美弟处智贯属幽州，母姜元贯扬州不改。今三处兄弟，并是边贯，三人俱悉入军，母又老疾，不堪运致。申省户部听裁。又，前陈王府亲事王文达，奉敕改配充越王亲事，令相州番。未上之间，王改任安州。达遂诣京披诉，不伏。昔隋季道销，皇纲弛紊，四溟波骇，五岳尘飞。地庶将落叶而同飘。簪裾共断蓬而俱逝。但宋仁昆季属此凋残，因而播迁，东西异壤。遂使兄居张掖，弟住蓟门，子滞西州，母留南楚，俱沾边贯，并入军团。各限宪章，无由勤谒。瞻言圣善，弥栖罔极之心。眷彼友于，更轸陟岗之思。惶惶老母，绝彼璠玙。悠悠弟兄，阻斯姜被。慈颜致参商之隔，同气为胡越之分。抚事论情，实抽肝胆。方今文明御历，遐迩又安，书轨大同，华戎混一。唯兄唯弟，咸曰王臣，此州彼州，俱沾率土。至若名沾军贯，不许迁移。法意本欲防奸，非为绝其孝道。即知母年八十，子被配流。据法犹许养

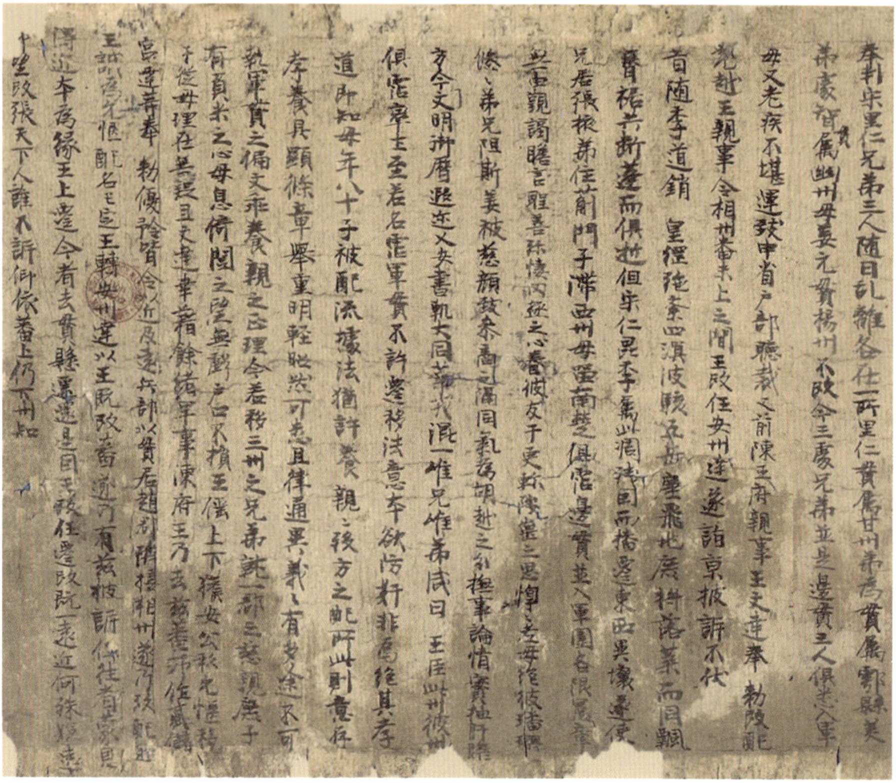

图 1　P.3813《文明判集》中的"兄弟三人侍母"案

亲，亲残方至配所。此则意存孝养，具显条章，举重明轻，昭然可悉。且律通异义，义有多途。不可执军贯之偏文，乖养亲之正理。今若移三州之兄弟，就一郡之慈亲。庶子有负米之心，母息倚闾之望。无亏户口，不损王徭，上下获安，公私允惬，移子从母，理在无疑。且文达幸籍余绪，早事陈府。王乃去兹蕃邦，作贰储宫。达等奉敕优矜，皆令以近及远。兵部以贯居赵郡，邻接相州，遂乃改配越王，诚为允惬。配名已定，王转安州。达以王既改蕃，遂乃有兹披诉。但往者蒙恩得近，本为缘王上迁，今者去贯悬远，还是因王改任。迁改既一，远近何殊。□远□望改张，天下人谁不许。仰依蕃上，仍下州知。"（图 1）

这个案件中说，宋里仁兄弟三人，本来家住扬州，但由于隋末战乱，兄弟三人流落他乡。宋里仁落籍甘州，另外两个弟弟分别落籍鄂县和幽州。兄弟三人"俱悉入军"，分别在当地为府兵，入了军籍。而他们的母亲则"又老疾，不堪运致"，还独自住在扬州，无人侍奉。为此，兄弟三人提出了迁籍侍奉母亲的要求。官府司法人员在裁定中先是表示了极大的同情，并引唐律进行评价，本来按照唐朝法律规定，落入军籍的人"不许迁移"，更不容许随便迁徙。但是考虑到实际情况，认为"法意本欲防奸，非为绝其孝道"，分析其利弊："今若移三州之兄弟，就一郡之慈亲。庶子有负米之心，母息倚闾之望。无亏户口，不损王徭，上下获安，公私允惬，移子从母，理在无疑。"从维护人伦、提倡孝道出发，最终判定宋里仁三兄弟迁回原籍，奉养母亲。

另外，制判者在分析王文达不服兵部让他改任安州的决定的同时，指出王文达的申诉是事出有因，兵部之决定也是依人情、循事理的结果，"但往者蒙恩得近，本为缘王上迁，今者去贯悬遥，还是因王改任"。既然"迁改既一"，那么"远近何殊"，因此裁断"仰依蕃上，仍下州知"。

遗产、债务纠纷案

敦煌藏经洞出土文书S.4489《宋雍熙二年（985年）六月慈惠乡百姓张再通牒》，是一件涉及遗产和债务的财产纠纷案。

文书内容为："慈惠乡百姓张再通。右再通，先者早年房兄张富通便被再通自身传买（卖）与贾丑子，得绢六匹，总被兄富通收例，再通寸尺不见。况再通已经年岁，至到甘州回来，收赎本身，诤论父祖地水房舍。其养男贺通子不肯割与再通分料舍地。今者再通债主旦暮逼迫，不放通容，其再通此理有屈，无门投告。伏望大王阿朗高悬宝镜，鉴照苍生，念再通单贫，为因兄张富通先广作债价，从甘州来，经今三载，衣食无处方觅，又兼债家往来驱索买却再通所有祖地水，不割支文。伏起仁恩，特赐判凭，裁下处分。牒件状如前，谨牒。雍熙二年六月日慈惠乡张再通牒。"

这是一件财产纠纷案。敦煌慈惠乡百姓张再通被兄长张富通卖身给贾丑子，得到绢六匹，其钱全部被张富通拿走，张再通一分也没有得到。几年过去后，张再通仍然是穷光棍，回到甘州要赎回自己，准备继承祖上的田地与房产，而兄张富通可能已经死亡。张富通在世时卖掉了父祖的耕地，没有留一点给张再通，张富通的养子贺通子也不肯分给张再通财产。现在债主早晚催逼还债，张再通居无定所，食无所依，只能向官府申诉，要张富通的养子来还卖身钱和父祖的土地房屋，来偿还张富通的债务。这个案子涉及财产分割和吞并问题，养子要承担债务问题，还有卖身、赎身问题。根据唐朝律令，儿子分家另过三年、逃走六年就不得参与家庭财产分割，除非有父祖遗产在内。现在张富通把父祖的田产卖掉，使张再通无法继承。但是，留下的债务却要张再通来还，这自然是极其不合理的事情。所以，张再通要求张富通的养子来偿还债务。

托管孩子成年后要求继承父祖遗产案

　　敦煌藏经洞出土文书S.4617《孔员信三子为遗产纠纷上司徒状》，是一个托管型家庭的孩子成年后，希望结束托管关系，要求自主管理父祖遗产的财产分割案。

　　文书内容为："女子三。右三子父孔员信在日，三子幼少，不识东西。其父临终，遗嘱阿姨二娘子，缘三子小失父母，后恐成人，忽若成人之时，又恐无处活命，嘱二娘子比三子长识时节，所有些些资产，并一仰二娘子收掌。若也长大，好与安置。其阿姨二娘子日往月直，至今日，其三子只日全不分配，其三子不是不孝阿姨，只恐阿姨老难活，全没衣食养命。其父在日，与留银钗子一双，牙梳一，碧绫裙一，白绫一丈五尺，立机一匹，十二综细褐六十尺，十综昌褐六十尺，番褐一段，被一张，安西□二丈，绿绫□□□一□织机，柜一口并匙全，青细镜子一，白□褡裆一领，已上充三子活具，并在阿姨二娘子为主。今至副元不放开□其三子自后用得气力，至今一身随阿姨效作，如此不割父财，三子凭何立体，伏望司徒鸣造照察单贫，少失二亲，随姊虚纳气力兼口分，些些□惜与者。特乞□凭判，伏望。"

　　这是一件约 10 世纪前期的财产分割案。沙州百姓孔员信有三个女儿，妻子早就去世了，当时三个孩子都还小。后来孔员信病重，临终前就把三个年幼无知的孩子托付给名叫二娘子的姨娘看管。这个姨娘或许是其妻子的妹妹。父亲当初托付时给了姨娘首饰和衣物用品作为报酬，家里所有财产先让二娘子掌管，等三个孩子长大后再交予她们处置。如今，三个孩子已经长大，不仅白白地给姨娘干活，而且姨娘并不打算归还父亲留下的财物。因而三个孩子写状请求官府念在从小失去双亲的份上，归还父亲留下的财产。这是一种长辈临死前把年幼子女托付给亲属（有可能是兄弟，也可能是其他亲戚），形成一种托管型的家庭结构。孩子成年后，希望结束托管关系，要求自主管理父祖遗产。

吐蕃统治时期家庭财产纠纷案

敦煌藏经洞出土文书 P.3774《丑年十二月沙州僧龙藏牒》，记录的是吐蕃统治敦煌时期的一件家庭财产纠纷案。

文书内容为："（前缺）□（漆）相垒并柒盘□□事，所有缘身什□□□□后经一年，空身却归沙州来，娶妻阴二娘，又分家中什物。□□□至阎开府上，大番兵马下，身被捉将。经三个月，却走来，在家中潜藏六个月。齐周谘上下，始得散行。至金牟使算会之日，出奠贝镜一面与梁舍人，附在尼僧脚下，后妻阴二娘死，其妻阴二娘衣服夹绿罗裙一腰，红锦袴一，罗衫子一，碧罗被子一，皂绫袄子一，剪刀及针线等物，并大哥收拾。一去丙寅年至昨午年卅年间，伯伯私种田卅亩，年别收斛斗州驮。已上并寄放，合计一千驮，尽是大哥收掌。伯伯亡之日，所有葬送追斋，尽在大家物内，齐周针线尺寸不见。一称床九张者，伯伯共父分割之日，家中房室总有两口，其床在何处安置，此乃虚言。一先家中无羊，为父是部落使，经东衙算赏羊卅口，马一匹，耕牛两头，牸牛一头，绯毯一，齐周自出牧子，放经十年。后群牧成，始雇吐浑牧放，至丑年羊满三百，小牛驴共卅头，已上耕牛十头，尽被贼将，残牛一头，驴一头。一其时大哥身著箭，宣子病卧。贼去后，齐周请得知己亲情百姓遮得羊一百卅口，牛驴共十一头。又知己亲情与耕牛：安都督一头、赵再兴一头、张英玉一头、安恒处二齿牛二。博得大牛两头，人上得牛五头。一未得牛中间，亲情知己借得牛八具，种涧朵地至毕功。其年收得麦一十七车，齐周自持打。一其丑年后，寅年、卯年大兄纳突，每年廿驮，计卅驮，并取大家物纳。齐周于官种田处，种得糜。寅卯辰三年，每年得糜三车，已年两支种得麦三年。已计糜麦一十二车，并入家中共用。齐周身充将头，当户突税差科并无。官得手力人，家中种田驱使，计功年别卅驮。从分部落午年至昨亥年，计卅年，计突果九百驮，尺在家中使用。大兄初番和之日，齐周附父脚下，附作奴，后至金牟使上析出为户，便有差税身役，直至于今。自齐周勾当之时，突由大家输纳。其身役知更远使，并不曾料。先家中种田不得丰饶，齐周自开酒店，自雇人，并出本糜粟州石造酒。其年除吃用外，得利艾价七十亩柴十车，麦一百卅石。内卅五石，齐周买金釜一口，余并家中破用。齐周差使用柔远送粮，却回得生铁熟铁二百斤已来，车钏七只，尽入家中使用。内三十斤贴当家破釜敖，写得八斗釜一口。手功麦十石，于裴俊处取付王菜。齐州（周）差瓜州送果物，并分种田麦。其时用驴一头，布半配，买得车一乘。又麦十驮，八综布一匹，买车毂三只并钏，并入家中。大兄嫁女二，一氾家，一张家，妇财麦各得二十石，计卅石，并大兄当使用。齐周嫁女二，一张家，一曹家，各得麦廿石，并入大家使用。宣子娶妻，妇财麦廿石，羊七口，花毡一领，布一匹，油二斗五升，充妇财。大兄度女平娘，于安督都处买度印，用驴一头，□牛一头。宣子趁入所由印，用麦八驮，付张剑奴，驴一头与部落使乞心儿。齐周去西年，看丝棉□。所得斛豆斗，除还外课罗底价，买放一面及杂使外，余得麦粟一百卅石，并入大家用。齐周后母亡后，有新夹缬罗裙一腰，新白锦裤一腰，新罗衫子一，新罗被子一，已上物并大哥收用。城南仅堂，并油梁，及大乘寺明觉房内铛敖釜床什物，等，并不忏大家之事，一一尽有来处。齐周所是家中修造舍宅，竖立庄园，犁铧镂，车乘钏铜，靴鞋，家中少小什物等，并是齐周营造，自尔已来，用何功直，一一请说。右齐周不幸，父母早亡，比日已来，齐周与大哥同居合和，并无私己之心。今见齐周出家，大哥便生别居之意。昨齐周与大哥以理商量，分割什物及房屋畜牲等，所有好者，先进大哥收检，齐周亦不诤论。昨大哥取外人之言，妄说异端，无种谊竞，状称欺屈，此乃虚言，妄入，仁耳。复云，齐周用度家中物者，亦有用大家物者，亦有外边得者。今大哥所用斛斗，赐物牛畜，及承伯伯私种斛斗，先经分割财物，约略如前，一一并无虚谬。更有细碎，亦未措言。比者已来，齐周所有运为斛斗及财物、畜牲、车牛、人口请还齐周，今大哥先经伯伯数度分割财物，各有区分。今更论财似乖法式。伏望仁明详察，请处分。牒件状如前谨牒。丑年十二月日僧龙藏牒。"

　　这是一件关于吐蕃统治敦煌时期家庭财产纠纷的案件。敦煌有一位法号为龙藏的僧人，俗名齐周。其父曾为吐蕃部落使，齐周也曾任敦煌基层组织的官员——将头。齐周家境较为富裕，有田产、牛羊、酒坊。齐周的父亲和齐周的伯父早已分家，但是齐周却和堂哥在一起共同生活，因而财产有分有合。后齐周出家，堂哥想独占家庭财产，于是两人产生了纠纷。案件的详细情况是这样的，有一年齐周大哥身无分文回到沙州，娶妻阴二娘，并分得家中一部分财物。大哥在沙州刺史阎朝府当差，后来被吐蕃兵抓住，其逃回家中潜藏了六个月，是齐周多方打点，才得以露面。在吐蕃差遣官员检查户籍时，齐周又把一面镜子送于梁舍人，才得以免去差税。大哥的妻子阴二娘死后，其衣物都归大哥。齐周的伯伯自己种田30亩，每年收粮30驮，加上"寄放"的收入共1000驮，都由大哥收掌。伯伯去世后，所有送葬追斋费用全部由家庭收入支付，但是齐周没有拿到伯伯任何财物。

齐周的父亲为部落使，获赏羊30口，马1匹，耕牛2头，□牛1头，绯毯1件。齐周自己请放牧人，放牧10年后才雇吐谷浑人放牧。过了若干年后，羊满300头，牛驴共30头。但是都被贼人抢了去，仅剩牛1头，驴1头。当时大哥中箭，另一兄弟宣子卧病。贼走后，齐周在亲戚朋友的帮助下，夺回羊130头，牛驴共11头。其中一部分给了亲戚朋友。家里还没牛的时候，齐周从亲戚朋友那里借来8头牛，耕种完毕后，当年收的17车麦都是齐周自己脱的粒。

有三年大哥要交地租，每年20驮，都是从大家共同财产中交付的。齐周作为将头，不仅可以免除赋税、杂役，而且官府还分配给一名勤务员，供家中驱使。齐周还开了一家酒店，所有的本钱都由齐周一人支付，但是酒店的收入却作为家中开销。堂哥嫁两个女儿所得彩礼被堂哥一人独占，齐周嫁两个女儿所得彩礼却由大家支配。家中所有农业工具和器物都是由齐周置办的。

后来齐周要出家，于是与大哥商量，分割家中财物。尽管齐周在家财分割中处处让着大哥，但是大哥听了外人之言，认为分配不够公平。

以上案件的经过主要是根据齐周申诉才得以了解。文中主要内容是说齐周对整个家庭的贡献。因为其堂哥的辩词已经看不到了，所以齐周陈述的事实不可全信。总之，发生以上冲突的原因是大家之中还有小家，大家与小家的财产时分时合，所以分割财产时才会有许多糊涂账。

端正王屡判奇案

　　莫高窟五代第98窟北壁屏风画贤愚经变"檀腻奇缘品"中，描绘了一系列端正王断案的故事（图1）。

　　据《贤愚经》记载，古印度有一大国国王，名端正。他以道化治国，深得百姓爱戴。国中有一婆罗门名叫檀腻奇，向邻居借牛碾谷，归还时未向邻居声明还牛，便直接将牛系在邻居门旁的大树上。牛主人虽见牛，但以为檀腻奇还要用牛，所以没有将牛赶进圈内。不久，牛挣脱绳索跑了。邻居见檀腻奇迟迟不来还牛，便上门索要。檀腻奇说他已经把牛还了，邻居说没有。两个人相互指责，争吵起来，只得去找国王评理。

　　途中，遇见国王的马吏正在追赶一匹逃跑的马，呼唤挡马，檀腻奇掷石把马腿砸断了。马夫深怕国王怪罪，也抓了檀腻奇去见国王。

　　三人行到河边，见一位木匠两手塞衣挽裤，口中衔着斧头，准备过河。檀腻奇问木匠渡口在何处，木匠张口回答，斧头一下坠入水中，遍寻不得。木匠也揪住檀腻奇去找国王评理，要求赔偿。

　　一日之间数案缠身，又没有吃饭，檀腻奇饥渴难忍，就在途中小

图一 莫高窟五代第98窟北壁 檀腻奇缘品

酒店买了点酒，坐在床上自饮。不料床上被子下睡有酒店女主人的婴儿，檀腻奇将婴儿压死了。婴儿的母亲突然丧子，悲痛欲绝，要求檀腻奇赔她的儿子。于是牛主人、马夫、木工、婴儿的母亲一起拉着檀腻奇赶赴王宫。

快到王宫时，檀腻奇心里暗想：我众案集于一身，如果到了王宫，必死无疑，还是逃跑吧！当行至墙边时，他摆脱众人翻墙而过，谁知又压死了一位正在墙根织布的老人。老人的儿子见父亲无端丧命，抓住檀腻奇，也要送他到国王端正那里。

五位事主和檀腻奇一行六人到了王宫，事主一一向国王禀告了檀腻奇的过失，檀腻奇也一一做了解释。端正王听完后，逐一进行了裁决，说："你们都有不对的地方，都该判刑罚：檀腻奇不说明还牛，应该割掉舌头；牛主人见牛而不收圈，应该剜去双眼；马夫让檀腻奇堵马，应该断舌；檀腻奇打断马腿，应该砍手；木匠不用手拿斧头，而用口衔，不合情理应该打掉门牙。酒店女老板把婴儿放在客人坐的地方，自己也有过失，现在既然婴儿死了，那就让檀腻奇与你婚配，再生一个儿子吧。织布老人的儿子失去了父亲，实在非常值得同情，那就让檀腻奇当你的父亲好了。"

各位事主听到判决，都大吃一惊。虽然檀腻奇受到了惩罚，但对自己而言，则大不利，尤其是酒家老板的妻子和织布老人的儿子，不仅一无所得，反而将自己赔给檀腻奇当妻子、当儿子，弄得血本无归。于是众人都撤诉回家了。

莫高窟五代第98窟北壁屏风画中，描绘了檀腻奇借牛耕作用毕还牛、问讯渡口木工失斧、酒店饮酒压死婴儿、翻墙逃跑压死老人及端正王判案等情节。其中酒店饮酒的画面中，檀腻奇赤裸上身，面带愁容，与之对坐的身穿大袖长裙妇女便是酒店女主人，即被压死的婴儿之母（图2）。

图2　莫高窟五代第98窟北壁　檀腻奇与酒店女老板

二母争子案

　　莫高窟五代第 98 窟北壁屏风画贤愚经变"檀腻奇缘品"中，有一个"二母争子"的故事。

　　故事说，端正王判了檀腻奇与邻居、马吏、木匠、酒店女主人、织布老人之子的案件后，接着又审理了两个妇女争夺一小儿的案件。当时檀腻奇还未退走，准备答谢国王。此时，两个妇女走进王庭，为一个小儿争夺不休。她们都说小儿是自己所生。端正王见这两个妇女各执一词，于是告诉她们：把儿子放在中间，你们各挽小儿的一只手，用力拖拽，谁能把儿子拉到自己身边，谁就是生母。

　　生母唯恐伤害婴儿，不肯用力。另一个女人则不顾婴儿的疼痛，将婴儿拽进怀里。端正王说："爱惜亲子是人之常情，不忍心用力的，才是生母。"于是将婴儿判给了未用力的妇女。另外一位妇女便承认了自己的错误，端正王于是将两人都放走了。

　　莫高窟五代第 98 窟壁画中所绘"二母争子"的情节，画面简单，仅绘二身穿宽袖长裙的妇人领一孩子，站在上身赤裸、下穿短裤的檀腻奇面前（图 1）。

图1 莫高窟五代第98窟北壁 "二母争子"

　　"二母争子"这种题材的故事，是古今中外文艺作品中的热门话题。我国东汉《风俗通义》、元代李潜夫杂剧《包待制智勘灰栏记》、德国近代作家布来希特戏剧《高加索灰栏记》等都以"二母争子"为主题。虽然争子的原因各有不同，但处理亲子的方法都与端正王判案相同，都是根据纯真的母爱之心而作出判决。

李膺落水致死案

　　敦煌藏经洞出土的P.3813残卷《文明判集》中，有一道关于争夺船桨、落水致死的判词。判词内容为："奉判：郭泰、李膺同船共济，但遭风浪，遂被覆舟。共得一桡，且孚且竞。膺为力弱，泰乃力强，推膺取桡，遂蒙至岸。膺失桡势，因而致殂。其妻阿宋，喧讼公庭，云其夫亡，乃由郭泰。泰供推膺取桡是实。郭泰、李膺同为利涉，杨帆鼓枻，庶免倾危，岂谓巨浪惊天，奔涛浴日。遂乃遇斯舟覆，共被漂沦。同得一桡，俱望济己。且孚且竞，皆为性命之忧；一弱一强，俄致死生之隔。阿宋夫妻义重，伉俪情深。悴彼沉魂，随逝水而长往；痛兹沦魄，仰同穴而无期。遂乃喧诉公庭，心仇郭泰。披寻状迹，清浊自分。狱贵平反，无容滥罚。且膺死元由落水，落水本为覆舟。覆舟自是天灾，溺死岂伊人之咎。各有竞桡之意，俱无相让之心。推膺苟在取桡，被溺不因推死。俱缘身命，咸是不轻。辄欲科辜，恐伤猛浪。宋无反坐，泰亦无辜。并各下知，勿令喧扰。"（图1）

　　这道判词，可谓有画面，有温度，有是非。所谓有画面，是充分运用文学描写的手法，尽力还原覆舟事故现场，举凡"巨浪惊天，奔涛浴日""遇斯舟覆，共被漂沦""同得一栿，俱望济己"，都使人产生身临其境之感。这样写也不是无谓的渲染，而是为了"披寻状迹，清浊自分"。所谓有温度，既是对生命的敬重（俱缘身命，咸是不轻），亦是对生者的抚慰（阿宋夫妻义重，伉俪情深。悴彼沉魂，随逝水而长往；痛兹沦魄，仰同穴而无期）。无疑能使判决的接受度大大提升。但是，有温度并不代表无是非，"膺死元由落水，落水本为覆舟。覆舟自是天灾，溺死岂伊人之咎。各有竞栿之意，俱无相让之心。推膺苟在取栿，被溺不因推死"。一连串的顶针句，步步逼近根由。死者为大，但也不能"辄欲科辜"，否则就会"恐伤猛浪"。"宋无反坐，泰亦无辜。"官府官员最后裁决，认为虽然郭泰在争夺船桨的过程中有推李膺的事实，但是李膺死亡的直接原因是落水导致的，属于天灾，郭泰对这次意外事件不负刑事责任。根据唐律相关规定，李膺妻子阿宋应负诬陷之罪，但是念及李膺夫妇伉俪情深，判阿宋无罪。这道判文体现了官府面对情与法时，对律条的灵活运用，尽量做到情可恕，法可容的和谐统一。这样的判决结果，不仅是非分明，也充分照顾了双方的情感。

图1　P.3813《文明判集》中的"李膺落水致死"案

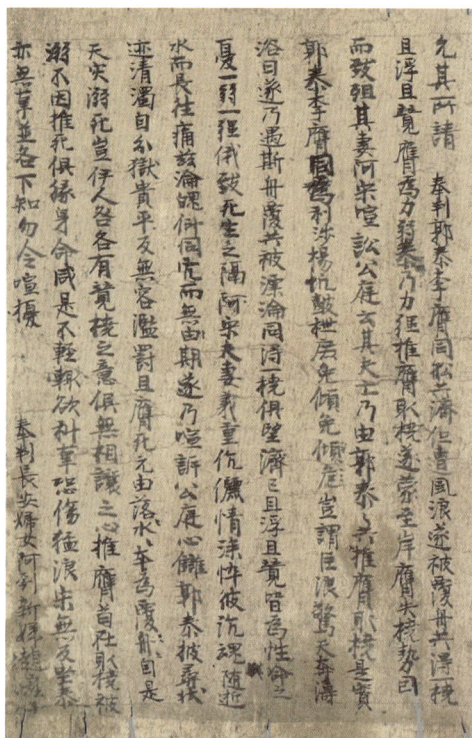

王乙不付工价案

敦煌藏经洞出土的P.2593写卷中有一份类似《龙筋凤髓判》的判词，内容为："奉判：得隰州刺史王乙妻育子，令坊正雇妳（奶）母，月酬一缣。经百日卒，不与缣。又，冯甲朝详暮歌，自云服毕仰事。王乙门传钟鼎，地列子男。化偃百城，风高千里。妖妻舞雪，翠郁望山之眉；诞育仙娥，庆符悬帨之兆。雇兹妳（奶）母，石席明言，酬给缣庸，脂膏乳哺。辍深恩于襁褓，未变庭兰；碎瓦砾于掌中，俄归蒿里。不酬妳（奶）母之直，诚是无知；既论孩子之亡，嗟乎抚育。司录论举，情状可知。足请酬还，勿令喧讼。又，父母之丧，三年服制；孝子之志，万古增悲。朝详暮歌，是亵于礼。以哭止乐，斯慰所怀。诉词既款服终，言讼请依科断。"（图1）

这个判词说隰州刺史王乙的妻子生了一个孩子，王乙让另一个官员给他雇了一位乳母，每月的工价是一匹绢。大约过了一百天后，这个孩子死了，王乙没有给乳母付工钱。由于这一案件的被告是州刺史，所以该案件的管辖实行异地审理。最后官府从情与理进行分析，认为王乙是官宦出身，负有教化百姓的责任。雇佣一事，双方早有契约在先。况且乳母对孩子有喂养之恩，孩子夭折，跟乳母无关。最后判定王乙须付给足额的工价。王乙和乳母的地位悬殊，但是在这一案件里，判案官员能够秉公执法，在封建社会确属难能可贵。

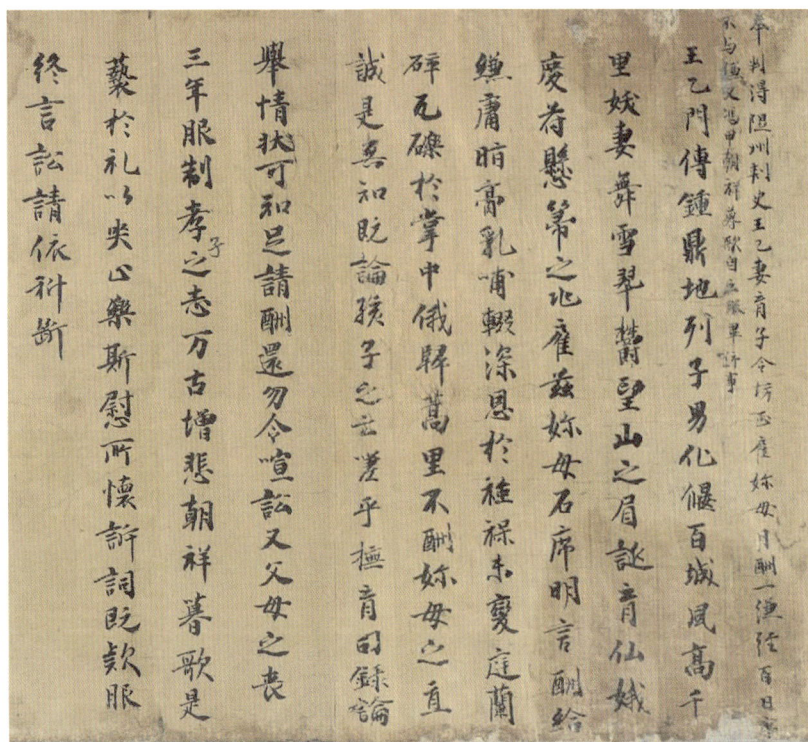

图1　P.2593"王乙不付工价"案

石崇弃尸案

　　敦煌藏经洞出土的P.3813《文明判集》中，有一个重证据、不轻信口供的石崇弃尸案。

　　其判词内容为："奉判：石崇殷富，原宪家贫。崇乃用钱百文，雇宪涛井。井崩压宪致死，崇乃不告官司，惶惧之间，遂弃宪尸于青门外。武侯巡检，捉得崇，送官司，请断。原宪家涂窘迫，特异常伦，饮啄无数粒之资，栖息乏一枝之分。遂乃佣身取给，肆力求资。两自相贪，遂令涛井。面欣断当，心悦交前，入井求钱，明非抑谦。宪乃井崩被压，因而致殂。死状虽关崇，言命实堪伤痛。自可告诸邻里，请以官司，具彼雇由，申兹死状。岂得弃尸荒野，致犯汤罗？眷彼无情，理难逃责。遂使恂恂朽质，望坟垅而无依；眇眇孤魂，仰灵槎其何托。武侯职当巡察，志在奉公。执崇虽复送官，仍恐未穷由绪。直云压死，死状谁明？空道弃尸，尸仍未检。检尸必无他损，推压复有根由。状实方可科辜，事疑无容断罪。宜勘向得实，待实量科。"（图1）

　　这个案件说的是家境殷实的石崇，雇佣一贫如洗的原宪为他掏井。不幸发生井崩，原宪被压致死。如果石崇及时告官，定能得到妥善处理，可是石崇隐瞒了这件事情，慌慌张张就把原宪的尸体扔于荒郊野外。尸体被官府发现后，官府就对石崇进行审问。官员作出裁决，认为石崇和原宪达成了雇佣协议，原宪应该预料到下井的危险性，但是考虑到原宪一贫如洗，下井实在是万般无奈。按照当时的法律，对原宪的死，雇主石崇本来不负法律责任，但是由于石崇隐瞒实情，不但自己未向官府报告，也没有让邻里去报告，还将原宪的尸体弃之荒野，按照当时法律，石崇罪责难逃。案情分析到这一步，判案者仍未轻率下结论。判词指出：虽然石崇供称是井崩致死，但也不能轻信他的口供，进一步认为单凭石崇的一面之词，还不足以定案。"直云压死，死状谁明？空道弃尸，尸仍未检。"因此，"宜勘问得实，待实量科"，只有"检尸必无他损"，所谓井崩致死才会有"根由"。即认为应该通过尸检后，只有证明原宪的死亡不是因其他原因造成的，才能得出原宪死于井崩。制判者这种重视证据的法律思想，值得肯定。

图1　P.3813《文明判集》中的"石崇弃尸"案

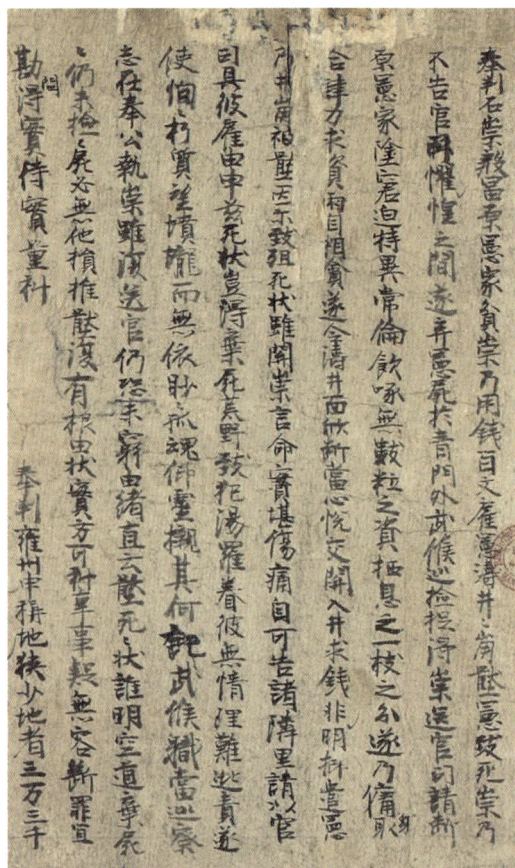

李陵失马亡弓案

　　敦煌藏经洞出土的P.3813《文明判集》中，有一个赏罚分明、注重法律社会功能的李陵失马亡弓案。

　　判词内容为："奉判：弘教府队正李陵往者从，驾征辽，当在蹕驻阵，临战遂失马亡弓。贼来相逼，陵乃以石乱投，贼徒大溃。总管以陵阵功，遂与第一勋。检勾依定，判破不与陵勋，未知若为处断。经纬乾坤，必借九功之力克平祸乱，先资七德之功。往以蕞尔朝鲜，久迷声教。据辽东以狼顾，凭蓟比以蜂飞。我皇凤龙旋，天临日镜，掩八纮而顿纲，笼万代以翔英。遂乃亲总六军，龚行九伐，羽林之骑，肃五校而风驱，倾飞之位，伊七萃而云布。李陵雄心早着，壮志先闻。弯繁弱以从戎，负干将而应募。军临驻蹕，贼徒蜂起，骇其不意，失马亡弓。眷彼事由，岂其情愿。于时凶徒渐逼，锋刃交临，乃援石代戈，且前交战。气拥万人之敌，胆壮匹夫之勇。投躯殒命，志在必摧。群寇警威，卒徒鱼溃。是以丹诚所感，鲁阳回落日之光，忠节可期，耿恭飞枯泉之液。以今望古，彼实多惭。于时总管叙勋，陵乃功标第一。司勋勾检，咸亦无疑。兵部以临阵亡弓，弃其劳效，以愚管见，窃未弘通。且

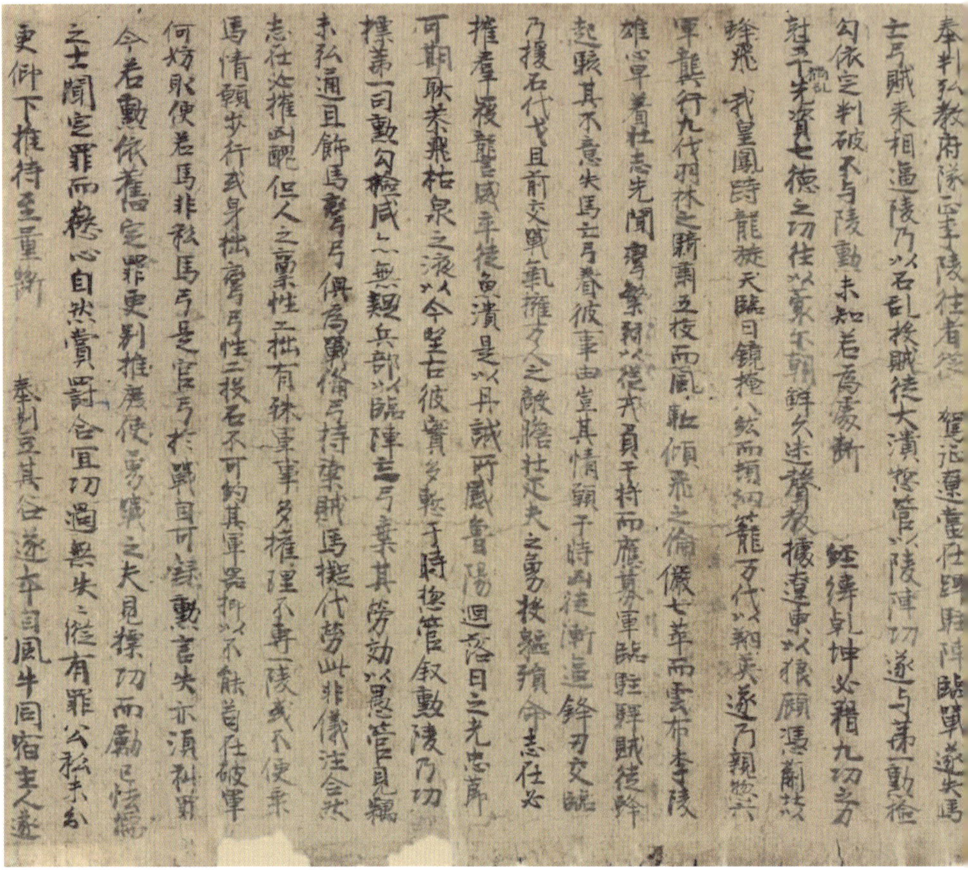

图1　P.3813《文明判集》中的"李陵失马亡弓"案

饰马弯弓，俱为战备。弓持御贼，马拟代劳。此非仪注合然，志在必摧凶丑。但人之禀性，工拙有殊；军事多权，理不专一。陵或不便乘马，情愿步行，或身拙弯弓，性工投石。不可约其军器，抑以不能，苟在破军，何妨取便。若马非私马，弓是官弓，于战白可录勋，言失亦须科罪。今若勋依旧定，罪更别推。庶使勇战之夫，见标功而励已；怯懦之士，闻定罪而惩心。自然赏罚合宜，功过无失。失丝有罪，公私未分。更仰下推，待至量断。"（图1）

这个案子说李陵跟随唐太宗征高句丽，因为他在战场奋勇杀敌，军队的指挥官要给他记一等军功。但是李陵在战场上丢了弓箭和马匹，兵部作出不予记功的决定。官府判决时首先分析了李陵丢失弓和马的原因，无论是哪种原因，李陵英勇奋战、以石投敌，取得了胜利是不可否认的事实，应该对其奖赏。但是，对其丢失马和弓的行为也要追究。由于还不清楚丢失的东西是公物还是私物，故此要求作进一步调查核实，再依法作出最后的判决，即"更仰下推，待至量断"。

这道判词不仅逻辑严密、富于说服力，而且注重判决结果与社会效果之间的关系，表明了制判者赏罚分明的法理原则和对法律的社会功能的认识："今若勋依旧定，罪更别推，庶使勇战之夫，见标功而励己；怯懦之士，闻定罪而惩心。"这道判词可称得上是判词中的上乘之作。

书生赁马案

敦煌藏经洞出土的P.3813《文明判集》中，有一个涉及民事赔偿案件的"书生赁马"案。

判词内容为："奉判：选人忽属泥涂，赁马之省。泥深马瘦，因倒致殂。马主索倍，选人不伏。未知此马合倍已不？但选人向省，远近易知，平路虽泥，艰危可见。向使扬鞭抗策，故事奔驰，马倒制不自由，取毙似如非理。披寻状迹，悬亦可知，折狱片言，于兹易尽。向若因奔致倒，明知马死因人。马既因倒致殂，人亦无由自制。人乃了无伤损，马倒即是乘闲。计马既倒自亡，人亦故无非理。死乃抑惟天命，陪则窃未弘通。至若马倒不伤，人便致死，死状虽因马倒，马主岂肯当辜？倒既非马之心，死亦岂人之意。以人况马，彼此何殊，马不合倍，理无在惑。"（图1）

这个案件中说，有一个人准备到京城应考，由于路途遥远，便租了一匹马。途中，由于地面泥泞不堪，再加上马也不太健壮，结果马倒下死了。马主人要求索赔。官府的判词首先对马死的原因作了分析，认为马死是客观事实，按理损毁他人财物应负责赔偿。但是马死不是应考者的缘故，应考者无法控制和预见马的死亡。既然马"死乃仰惟天命"，也就是意外事件，因而应考者可以不予赔偿。就是否加倍赔偿和免除责任的问题，判词还进一步申明，"至若马倒不伤，人便致死，死状虽因马倒，马主岂肯当辜？"说马死因人，需要赔偿，那么，如果马倒下，人死了，马主人是否承担人命案呢？基于上面对事实的认定和对事理的分析，制判者最后作出了"马不合倍，理无在惑"的判决。

这一判词，对民事争讼中意外事件的免责条件和原则作了确认，反映了唐代民事赔偿案件中实行过错责任的法律事实。另外，拟判事实和判词还向人们揭示了一个唐代社会现象，即应考者经过县、州、府一级一级的考试，最后还要参加尚书省有关机关组织的考试。受路程、交通的限制，在应考者自己缺乏代步工具时，赁马以减轻路途的辛苦也是情理之中的事情，也正是有这种事实的存在，才会发生与此相关的民事赔偿案件。因此说，这一判词是唐代现实生活的写照。

图1　P.3813《文明判集》中的"书生赁马"案

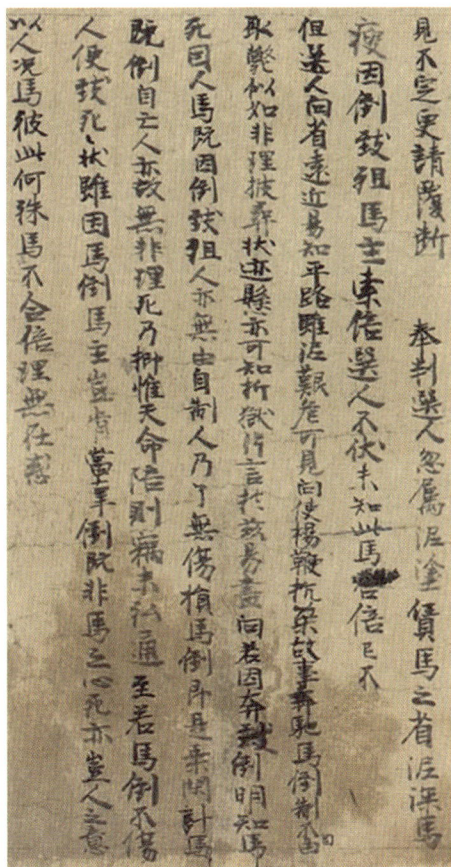

申年正月土地侵占案

敦煌藏经洞出土的P.3613写卷《申年正月令狐子余牒及判词》，是一份有关土地侵占案的判词，现将判词内容移录如下：

（一）孟授索底渠地六亩

右子余上件地，先被唐朝换与石英顺。其地替在南支渠，被官割种稻，即合于丝绵部落得替，望请却还本地。子余比日已来，唯凭此地与人分佃，得少多粮用，养活性命。请乞哀矜处分。牒件状如前，谨牒。

申年正月　日百姓令狐子余牒。

付水官与营田官同检上。润示。

九日。

（二）孟授渠令狐子余地陆亩

右件地，奉判付水官与营田官同检上者。谨依就检，其他先被唐清换与石英顺，昨寻问令狐子，本口分地分付讫。谨录状上。牒件状如前，谨牒。

申年正月　日营田副使阙□牒水官令狐通。

准状。润示。

十五日。

这是发生在 804 年的一件土地侵占案，当时敦煌正被吐蕃占领。还在唐朝统治河西的时候，敦煌百姓令狐子余家在孟授索底渠这个地方有 6 亩地，后来这块地和石英顺的地相互交换，被替换到了南支渠这个地方。多年以来，这块地都是出租给他人耕种，令狐子余依靠收缴地租来维持生活。后来，河西被吐蕃所占，令狐子余家的地被划给了丝绵部落。令狐子余向当时的吐蕃官员请求退还土地，一个名为"润"的长官作了批示，让负责田地和水务的水官与营田官去落实令狐子余所申述的情况。水官与营田官对土地转让和侵占的情况作了调查，认为令狐子余所述情况属实，并把实情上报给"润"。"润"最终把地判给了令狐子余。这个案件反映了吐蕃时期对敦煌田地、水渠等纠纷的妥善处理，而且对田地事件的处理，前后所用时间不过六天，说明了当局在处理案件方面具有较高的效率。

土地交纳赋税纠纷案

敦煌藏经洞出土P.3451文书《洪润乡百姓氾庆子请理枉屈状》，是一份关于土地交纳赋税纠纷的案件。

文书内容为："洪润乡百姓氾庆子，伏以庆子去癸巳年，于远田为犁牛主，共人户唐奴子合种。秋收之时，先量地子，后总停分，一无升合之交加，是他怠慢，不纳地税王宅。官夺将庆子家资刀一口，□□追寻不得，理当有屈，枉劫贫人。伏望□郎鸿慈，详照枉劫之理。伏请□□。"（图1）

这是一件土地交纳赋税纠纷案。洪润乡百姓氾庆子与唐奴子合作耕种土地，氾庆子出牛并负责耕种，唐奴子出地。秋收后，大家先将应缴纳的赋税——"地子"划出，剩余部分由两家均分。由于唐奴子是土地的主人，应该是他来缴纳"地子"，所以在平均分配前划出的"地子"就由唐奴子缴纳。但是，到了缴纳赋税的最后期限，唐奴子还没有缴纳。可能是唐奴子做了手脚，或对官府说，其地是与氾庆子共有。因此官府追究土地的耕种者氾庆子，并将其家里的"一口刀"夺去。氾庆子认为这样做不合理，要求官府进行核查，重新作出裁决。

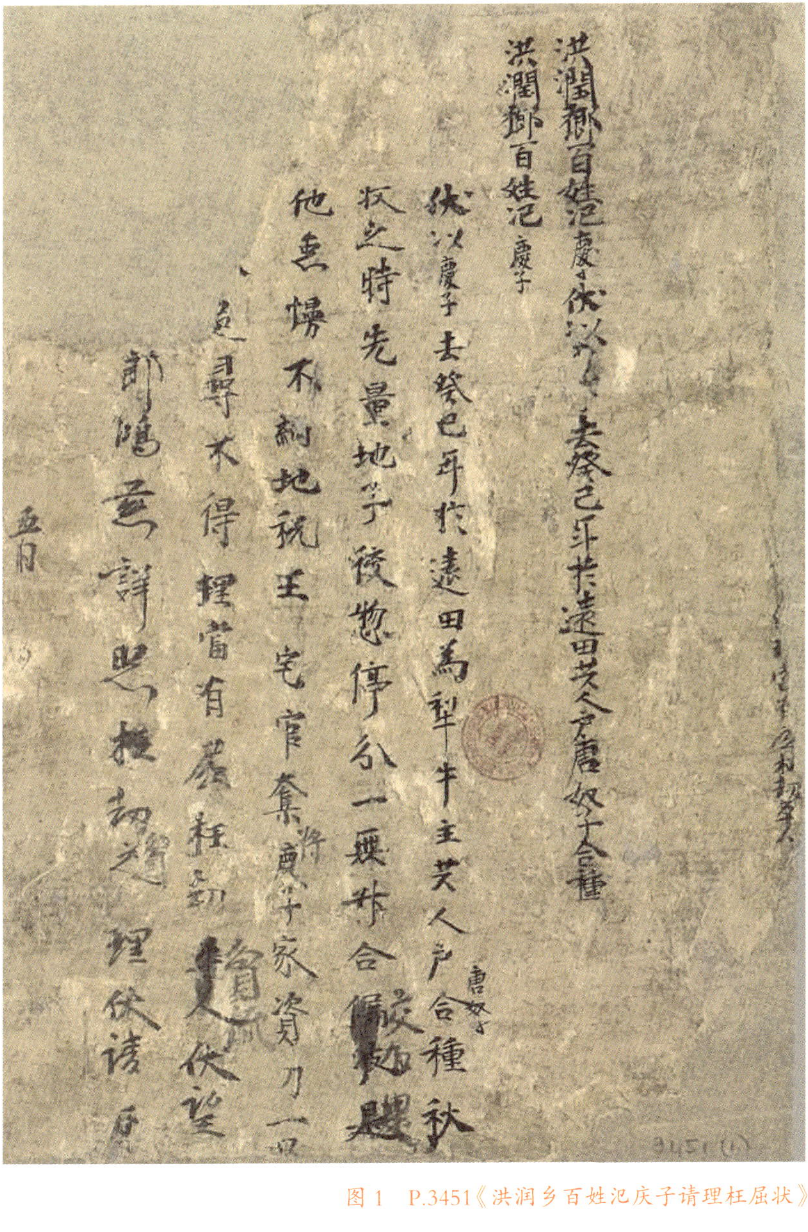

洪潤郷百姓氾慶子伏以　去蒙巳年共遠田芝父户唐奴十合種

洪潤郷百姓氾慶子

伏以慶子去蒙巳年於遠田為犁牛主芝人户合種秋

叔之特先景地苗稅惣停分一無芥合偏

他悉愕不割地稅王宅官糶賣于家資刀一口

意尋太得理當有

　意尋思推劾道理伏請處

五日

图1　P.3451《洪润乡百姓氾庆子请理柱屈状》

坟田被侵案

　　敦煌藏经洞出土文书P.4974《唐天复年代神力为兄坟田被侵陈状并判》，是一件坟田被占的案件。

　　文书内容为："□□□□□□右神力去前回鹘贼来之时，不幸家兄阵上身亡。缘是血腥之丧，其灰骨将入积代坟墓不得，伏且亡兄只有女三人，更无腹生之男，遂则神力兼侄女，依故曹僧宜面上，出价买得地半亩，安置亡兄灰骨。后经二十余年，故尚书阿郎再制户状之时，其曹僧宜承户地，被押衙朗神达请将，况此坟田之后，亦无言语。直至司空前任之时，曹僧宜死后，其朗神达便论前件半亩坟地。当时依衙承状，蒙判鞫寻三件，两件凭由见在，稍似休停，后至京中尚书到来，又是浇却，再亦争论，兼状申陈。判凭见在，不许搅挠，更无啾唧。昨来甚事不知，其此墓田被朗神达放水澜浇，连根耕却。堂子灰骨，本末不残。如此欺死劫生，至甚受屈，凡为破坟坏墓，亦有明条。况此不遵，判凭，便是白地天子浇来五件此度全耕，搅乱幽魂，拟害生众。伏望司空仁恩照察，请检前后凭由，特赐详理，兼前状，谨连□呈过，伏听裁下处分。牒件状如前，谨牒。天复□□付都□（后缺）。"

　　这是一件坟田被占的案件，发生在归义军统治敦煌时期。敦煌有一位名叫神力的老百姓，他的兄长在与回鹘作战中阵亡，因是"血腥之丧"，其骨灰不能葬入祖坟。神力的哥哥只有三个女儿，没有儿子。神力从曹僧宜处买得半亩田地安葬兄长。若干年后，归义军节度使张淮深清查土地时，曹僧宜的土地因无力耕种被押衙朗神达申请得到，朗神达没有对这半亩坟地表示过异议。直至曹僧宜死后，朗神达就其所申请土地内的半亩坟地的问题与神力争论。判案官员询问有关当事人审理此案。后来张承奉代替索勋成了归义军节度使，朗神达放水浇灌神力兄长墓地，双方产生矛盾。后经过判决，神力胜诉。但是后来，朗神达又一次将神力兄长墓地放水浇灌，并将坟墓破坏变成耕地。神力认为朗神达这是在欺负死者和生者。破坏坟墓已触犯法律，况且朗神达不遵守前次判决，故意搅扰地府幽魂，因此神力再次向官府上诉。

杨师退休与彦琮装病案

　　敦煌藏经洞出土的P.3813《文明判集》中，有一个赖着不想退休和装病躲兵役的"杨师退休与彦琮装病"案。

　　判词内容为："奉判：折冲杨师，身年七十，准令合致仕。师乃自比廉颇，云已筋力堪用，遂不□□□□言告得实。其男彦琮，年廿一，又不宿卫。□云，患痔，身是残疾，不合宿卫。未知若□□州强仕，往哲之通规。七十悬车，前王之茂范。杨师职班通贵，久积寒暄，年迫桑榆，志□蒲柳。故可辞荣紫极，解袂衡门；何得自比廉颇，安居爵禄，苟贪荣利，意有□□；钟鸣漏尽，夜行不息。宜依朝典，退守丘园。以状下知，勿令叨据。但师男彦琮，幸承父荫；年余弱冠，尚隐檐间；托疾推延，不令侍卫。父即贪荣显职，已犯朝章；子又规免王徭，更罗刑网；前冒后诈，罪实难容。欸云，患痔不虚，冀此欲图残疾。□乃未验，真伪莫知。即欲悬科，恐伤猛浪。宜下本贯检勘，待实量科。"（图1）

　　这个案件中说，折冲府有一个叫杨师的官员，已经七十岁了。按规定应该退休，但是杨师自比廉颇，说自己"筋力堪用"，老当益壮，赖着不想退休。另外，杨师有一个儿子名叫彦琮，正值年轻力壮的二十一岁，却没有去服兵役。自称"患痔，身是残疾，不合宿卫"，借此躲避服兵役。官府对父亲杨师已过退休年龄而赖着不想退休的行为明确予以否定，指出其"自比廉颇"的企图是"安居爵禄，苟贪荣利"，最后判决杨师"宜依朝典，退守丘园"，必须退休。至于杨师的儿子彦琮不服兵役的情况，判词认为如果是假装有病，"托疾推延""规免王徭"，不服兵役，那就是触犯了刑法。然而官府并没有武断地判定其有罪，而是立足实际，认为其疾病"未验，真伪莫知"，要先查验病情，再作判定。所以最终作出了"宜下本贯检勘，待实量科"的判决。

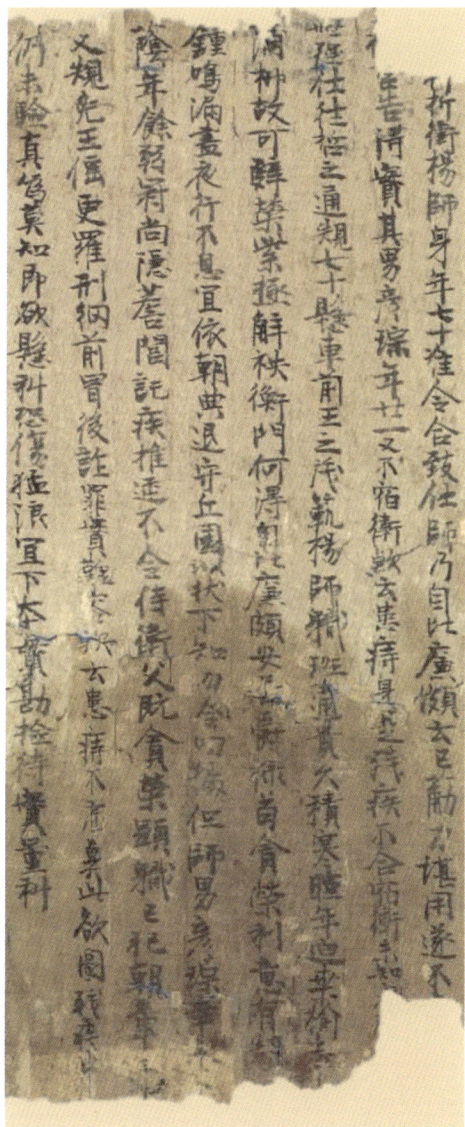

图 1　P.3813《文明判集》中的"杨师退休与彦琮装病"案

唐戊戌年正月沙州洪闰乡百姓令狐安定状案

　　敦煌藏经洞出土文书S.3877《唐戊戌年（878年）正月沙州洪闰乡百姓令狐安定状案》，是一份件沙州百姓因为少地，请求耕种他人田地的状子。

　　文书内容为："洪润乡百姓令狐安定。右安定一户兄弟二人，总受田十五亩，非常地少窄窘。今又同乡女户阴什伍地一十五亩，先共安定同渠合宅，连畔耕种。其地主，今绿年来不辞承料之后，别人搅忧。安定今欲请射此地，伏望司空照察贫下，乞公凭，伏请处分。戊戌年正月日令狐安定。"

　　这是一件沙州百姓因少地，请授耕种他人田地的状子。沙州洪润乡有令狐安定兄弟二人，官府曾经授予他们15亩土地，但这些地还是不能维持他们的生活。同乡有一位叫阴什伍的妇女，家有田地15亩，两家的地靠得非常近。由于阴什伍家的地因缺少劳力无力耕种，令狐安定兄弟请求官府授予他们耕种阴什伍家地的权利。由于这个状子字数很少，如果单从字面理解，是令狐安定乘人之危，断人生计，巧取他人田宅。但是根据两户曾合在一起生活的情况来看，可以推测阴什伍的夫家就是令狐氏，两家存在密切的家族关系。令狐安定申请土地的目的在于实现合户，以令狐安定为户主。

关于兄弟间贫富悬殊的一个判决

　　敦煌藏经洞出土的P.3813《文明判集》中，有一个关于兄弟间贫富悬殊的案件判词。

　　判词内容为："长安人史婆陁，家兴贩，资财巨富，身有勋官骁骑尉。其园池屋宇、衣服器玩、家僮侍妾，比侯王。有亲弟颉利，久已别居。家贫壁立，兄亦不分给。有邻人康莫鼻，借衣不得，告言违法式事。五服既陈，用别尊卑之叙，九章攸显。爰建上下之仪，婆陁阛阓商人，旗亭贾竖，族望卑贱，门地寒微，侮曼朝章，纵斯奢僭。遂使金玉磊砢，无惭梁霍之家，绮縠缤纷，有逾田窦之室，梅梁桂栋，架迥浮空，绣栭楹，光霞烂目。歌姬舞女，罗行袂以惊风，骑士游童，转金鞍而照日。公为侈俪，无惮彝章。此而不惩，法将安措。至如衣服违式，并合没官。屋宇过制，法令改修。奢之罪，律有明文。宜下长安，任彼科决。且亲弟贫匮，特异常伦。室惟三径，家无四壁。而天伦义重，同气情深。罕为落其一毛，无肯分其半菽。眷言于此，良深喟然。颉利纵已别居，犹是婆陁血属。法虽不合征给，深可哀矜。分兄犬马之资，济弟到悬之命。人情共允，物议何伤。并下县知，任彼安恤。"（图1）

長安縣人史婆陀家興殷資財巨富身有勳官號

輗尉其園池屋宇衣服器玩家僮十…倭王有親顏利久已別居

家貧壁立兄亦不與給　有濟人康某卑身借衣不得告言違法式事

五脈既陳用別尊甲之敘九章倣顯羨遠上下之儀婆陀閭閻高

人旗尊賈竪埀門賤地寒微悔惕朝章縱斯奢遂使金玉

磊砢無憖梁霍之家綺穀繽紛有逾田實之堂梅梁桂棟架過

浮空繡楣彫楹光廢欄目歌姬舞女行羅袂以龍鳳駙士遊童轉

達式並合沒官屋宇過制法令備改奢之罪箕有明文宜下長安

全盡而照同公為傣驪舞無悼舞章此而不愍法將安措至如衣服

任彼科決且親弟貧賣特異常倫室惟三徑家無四壁而天倫義重同

氣情深半弱落其一毛無肯分其半弃春言於此良深唣然顏利

繼已別居猶是婆陀血屬法雖不合救給深可哀矜兄大馬三資滿

弟剗懸之命人情共无物識何偹　并下縣知任彼安恤

卧甥新絕

图1　P.3813《文明判集》中的"兄弟间贫富悬殊"案

判词中说，长安县有一个叫史婆陁的商人，富比王侯，朝廷也给他授予了"骁骑尉"的勋位。史婆陁有一个叫颉利的亲弟弟。两人早已分家，但是弟弟颉利家徒四壁，非常贫困。哥哥史婆陁从来不救济。史婆陁有一个邻居叫作康莫鼻，向史婆陁借衣服，史婆陁没有答应。康莫鼻便向官府告发史婆陁的衣服和房子违反了当时的等级制度。经官府查验后，史婆陁一家的穿着和住宅确实非常奢华，而作为商人的史婆陁本身"族望卑贱，门地寒微"，不守本分，并"侮曼朝章，纵斯奢僭"，这在非常注重等级关系的初唐是决不允许的。所以判词依据律令作出了"此而不惩，法将安措。至如衣服违式，并合没官。屋宇过制，法令改修。奢之罪，律有明文。宜下长安，任彼科决"的判决。官府依法对衣服进行了收缴，令房屋重新改建。其中"宜下长安，任彼科决"是针对史婆陁为长安人而言的，说明唐初在案件处理中已重视管辖问题了。

同时，在崇尚宗法伦理关系、盛行家族观念的时期，为兄资财巨富，而为弟家贫壁立，是被视为"特异常伦"的，但兄弟分居是事实，根据法律不能提出分兄之财给弟来用。所以判词说"法虽不合征给"，然而传统倡导"天伦义重，同气情深"，应该按礼法办事，所以建议"分兄犬马之资，济弟倒悬之命"。至于对弟弟资助多少，没有明确的数目，提议让长安县与史婆陁商量解决，即"并下县知，任彼安恤"。这个关于兄弟间贫富悬殊应如何安恤的案例，将法与情放在同一天平上，然后又区别对待，反映了制判者的法律思想和对法条的灵活运用。

这个判词中，制判者对两个不相关的法律事实作出了判决，因此判词也从不同角度分别予以条理、辨析，作出相应的决断。

李进评等地牒并判

　　敦煌藏经洞出土文书S.2103《酉年十二月沙州灌进渠百姓李进评等请地牒并判》，是一份向官府申请耕种无主荒地，借此更换土地改建水渠的文书。

　　文书内容为："城南七里神农河母，两勒汛水，游游沙坑，空地段共叁突。东至碛，西至贺英倩，南道口。此至神农河，北马国清。右南水灌进渠用水百姓李进评等，为已前移灌进口，向五石口前，逐便取水，本无过水渠道，遂凭刘屯子边，卖合行人地一突用水，今刘屯子言，是行人突地，依籍我收，地一任渠人别运为。进评等，今见前会沙游空闲地，拟于起畔种犁，将填还刘屯子渠道地替灌溉，得一渠百姓田地不废。庄园今拟开耕，恐后无凭，乞给公验，处分。牒件状如前，谨牒。酉年十二月　日，灌进渠百姓李进评等，百姓胡千荣，付营官寻问实空百姓杨老老，百姓窦太宁，闲无主，任修理佃种。百姓张达子，百姓氾法情，弁示，廿三日。"

　　这份文书中说，敦煌百姓李进评等人在南水灌进渠边耕种，为了方便地从渠道引水，就要改变进水口，可是又没有进水的渠道，于是在行人部落的刘屯子那里买了一"突"的地用作渠道。但是刘屯子要收回原地，李进评等人看到敦煌神农渠由于多次泛滥，渠道旁有大量淤沙堆积，有一块无人耕种的空地，打算用它替换刘屯子要收回的那块渠道地。李进评等人请向官府申请耕种那块无主荒地的权利，并要求发给凭证。一位名为"弁"的官员作出批示，让营田官去落实李进评等人要求耕种的那块地是否无主空地，如是空地，便可同意耕种。这份文书显示，百姓要耕种无主荒地，事先要得到官府同意，并得到官府出示的证明为凭。

注重证据和情节的定刑量罪

偷盗行为直接危害人们的生活，危害社会的安定，人们对此提心吊胆，做梦都担惊受怕。如敦煌文献P.3908《新集周公解梦书》"水火盗贼章"载："梦见遂贼行，合大吉。""梦见被打趁者，大凶。""梦见恶人牵，主疾病。""梦见狂贼人宅，主家破。"S.2222《周公解梦书》"杂事章"载："梦见被贼者，为人所求。""梦见怕怖，忧官事。"Д x.2844载："梦见怕怖，事不决。"

莫高窟盛唐第45窟南壁观音经变中绘观音救怨贼难的内容，画面中一群商人赶着满载货物的毛驴，在山林间突然遇到几个持刀的强盗进行抢劫。商人们面露恐惧，瑟瑟发抖，双手合十向观世音祈祷求助；毛驴所驮的货物撒了一地。这幅画面生动形象地反映了当时人们遇到盗贼时恐惧和无助的情景（图1）。

虽然人们对偷盗的行为深恶痛绝，但官府在定刑量罪时还是很注重证据和情节的。

P.3813《文明判集》中还记载了一个"谷遂抢劫"的故事，故事中说豆其和谷遂两人本不相识，大概是豆其因为过路，投宿在谷遂家。

　　谷遂邀请豆其喝酒,他事先在酒里下了药,迷晕了豆其,偷走了豆其的钱财。后来官府审问谷遂,谷遂拒不承认。官府就动用了刑具,谷遂最终承认了犯罪事实。官府在判文中分析了谷遂的犯罪动机和目的,认为谷遂放药使豆其不能反抗,这与使用暴力的后果是相同的,得出谷遂的行为不是一般的盗窃行为,而是抢劫行为,按照唐律是要判处死刑的。但是,谷遂在被用刑时已经成为残疾,按照唐律,可以输财代刑,即向官府缴纳罚金。另外对其抢劫的财物,"正赃与倍赃,并合征还财主",即加倍还给豆其。这道关于偷盗的判文非常注重量刑与证据、情节之间的关系(图 2)。

　　敦煌文献《平康乡百姓索铁子牒》(上海博物馆藏,编号为上博 8958-2 号文书)中记载了沙州一个叫索定子的人非常贫穷,因被债主

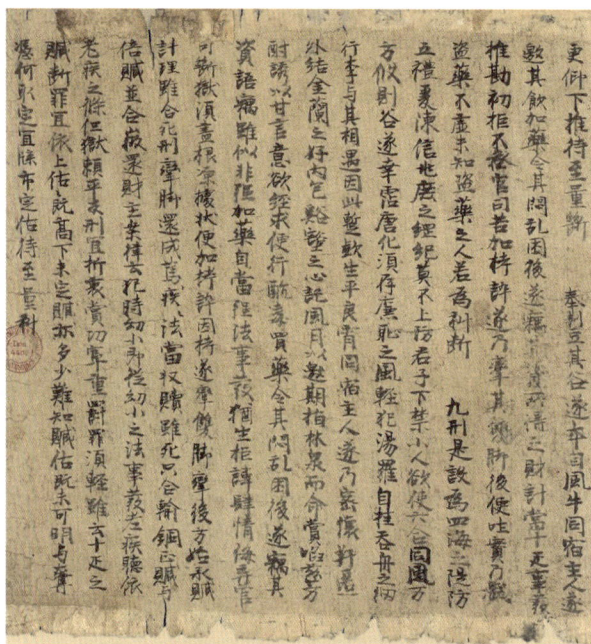

图2　P.3813《文明判集》中的"谷逯抢劫"案

追逼，便"偷取押衙王善信"的马匹，逃亡甘州。沙州官府抓不到索定子，就将罪名推到其儿子索富昌头上，将索富昌的房屋、地产、物品全部没收，还罚索富昌到官府去做洒扫的杂役，而且家产被没收后，仍然要缴纳一定的赋税。为此，索定子的兄弟索铁子便代替侄子向官府申诉，希望官府体察索富昌的处境，作出公正的判决。这份文书中谈到索定子偷了别人家的马匹，其罪责归到儿子身上，"父债子还"，将其房屋、地产、物品全部没收，还罚到官府去做洒扫的杂役，可见当时对偷盗罪的判决很重。

另外，据P.4040《后唐清太（泰）三年（936）洪润乡百姓辛章午牒》记载，沙州一个叫辛章午的人偷了别人家的牛，被抓后的惩罚是不仅要赔一头牛，还要罚"布一匹，白羊一口"，而且其女儿被配充归义军北宅执役，辛章午本人被配在"氾万通家造作"。由此也可见当时对偷盗罪是如何惩罚的。

渠人社关于护渠防洪的惩罚制度

生活在大漠戈壁绿洲中的古代敦煌民众，历来将水源视为自己的命脉。敦煌藏经洞出土文献S.5874写卷残片《渠人条约》开宗明义说："本地，水是人血脉。"（图1）可见水对敦煌人的生活、生产是多么重要。

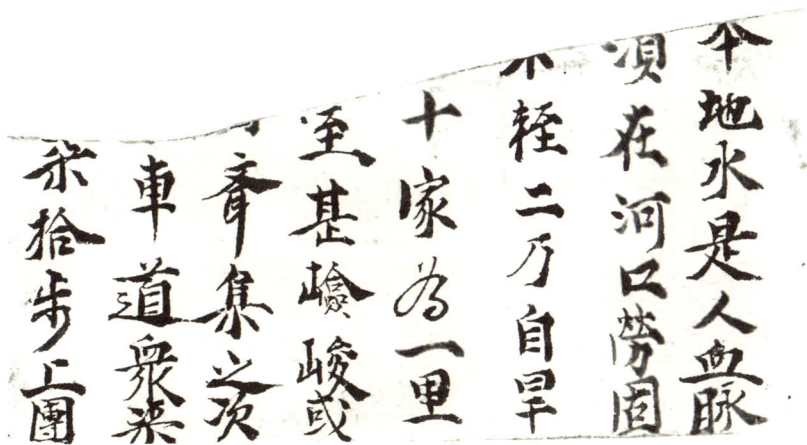

图1　S.5874写卷残片《渠人条约》

敦煌地区的水渠是绿洲农业经济的命脉，具有十分重要的地位。由于人工开凿的水渠密集分布，纵横错落，村落宅社大多在河渠之畔，田地庄园也依河傍水，依赖于渠水灌溉。因此，长期以来，敦煌水利与当地居民的生产、生活关系非常密切，诸水渠附近的百姓大多自发结成"渠社"，担负起维护水渠的责任，保障农业灌溉。

渠社，又称"渠人社"，是由水渠附近的百姓自发结集而成的民间水利管理机关，负责行水溉田、护理河渠及防洪抗灾。

结社活动在中国民间历史悠久，在敦煌地区也十分盛行，尤其到晚唐五代归义军时期蔚然成风。渠社由水渠附近的百姓自发结集而成，推举德高望重且有丰富的水利经验者担任社长、社官、录事等职。

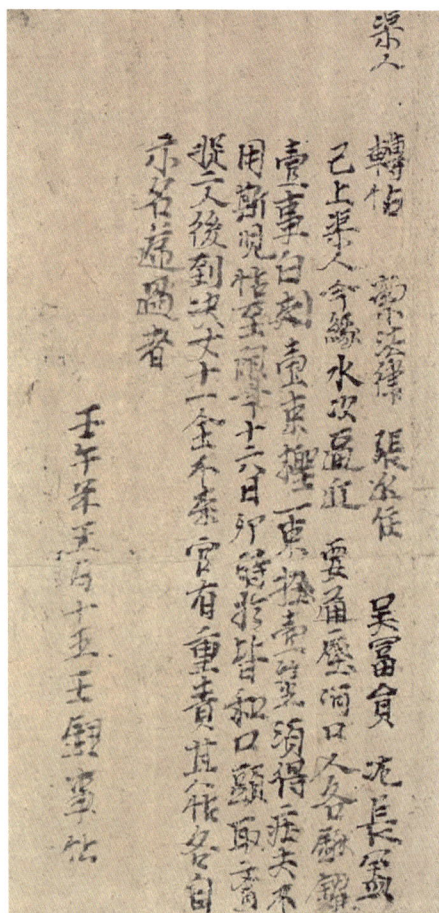

图 2　P.3412《壬午年五月十五日渠人转帖》

　　渠社有全体成员必须遵守的社规。按照社规，渠社进行社内活动时，全体成员必须到齐，且各备礼物、器械，参加同社中人赈济、纳赠、吊祭等活动，或是前往水渠护渠防洪。若有迟到者，往往需"罚酒一角"或"决杖七下"甚至"十一下"，"全不来者"处罚更重。水利抗洪是农业生产中至关重要的大事，更需要全体渠人同心协力，集体抗洪，如有不参加者则被重重责罚，甚至会被送交官府处罚。由于水利是系统的灌溉工程，渠水相通，诸渠纵横交错，因此经常需要政府来做统一的调配与管理，在渠社转帖文书中时常见到的"官有处分""官有重责"，就是官府对不遵守社规的渠人的处罚。

　　如 P.3412《壬午年（982 年）五月十五日渠人转帖》中记载："已上渠人，今缘水次逼近，要通底河口，人各锹镬壹事，白刺壹束，桱一束，栓一笙。须得庄（壮）夫，不用斯（厮）儿。帖至，限今［月］十六日卯时于皆和口头取齐。捉二人后到，决杖十一；全不来者，官有重责。其帖各自示名速递者。"（图 2）

　　又如 S.6123《戊寅年（978 年）七月渠人转帖》中记载："上件渠人，今缘水次浇栗汤，准旧看平水相量，幸请诸渠［人］等。帖至，限今月十五日卯时于普光寺取齐。如有后［到］，罚酒壹角；全不来，罚酒半瓮。其帖各自示名递送者。"

　　又如 P.5032 号《甲申年（984 年）某月十七日渠人转帖》记载："已上［渠］人，今缘水次逼近，切要修治沙渠口，人各桱一束，白刺一束，七尺栓一笙，幸请诸公等，帖至，限今月十七日限夜，沙渠口头取齐。捉二人后到，罚决杖七下；全不来者，官中处分。其帖速递相分付，不得停滞；如停滞者，准条科罚。"（图 3）

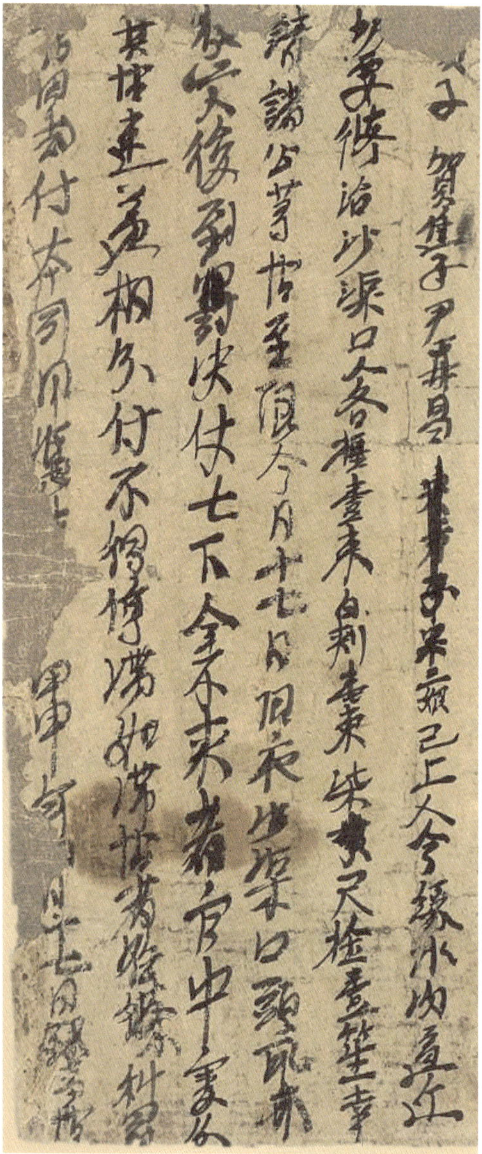

图3　P.5032《甲申年某月十七日渠人转帖》

处罚人的杖具——笞杖

杖，《说文解字注》曰："杖，持也。……凡可持及人持之皆曰杖。丧杖、齿杖、兵杖皆是也。"实际上，杖是人手的延伸之物，也就是手之功能的延长和扩展。从字面上看，杖由"木"与"丈"组成，"丈"表示较长的长度单位（人的手臂加上一根杖的长度约有一丈长），即较长的木条便可谓作杖。笞，《说文解字注》曰："笞，击也。……击人为笞也。"这里的"击"，也就是"打"的意思。所谓笞杖，也就是打人的工具，即使人之手击打人的距离由近变远并增大力度。

笞杖是一种打人的工具，也与当时的社会法律制度有关，既是一种刑罚，又是一种刑具。笞刑，是"用小荆条或小竹板敲打臀、腿或背的刑罚。隋代定为五刑之一，沿用至清代"；杖刑，是"用大荆条、大竹板或棍拷打臀、腿或背的刑罚。隋代定为五刑之一，沿用至清代"（《辞海》，上海辞书出版社，1980年）。实际上，汉代已经流行笞刑的处罚。《汉书》卷二三《刑法志》载：文帝十三年，"定律曰：……当劓者，笞三百；当斩左止者，笞五百"（《汉书》，中华书局，1962年）。

敦煌壁画中绘有用笞杖打人的画面，如莫高窟中唐第154窟东壁

图一　莫高窟中唐第154窟东壁门北　金刚经变（局部）

图二　莫高窟中唐第┴┴窟北壁　药师经变（局部）

门北绘金刚经变，该图中南侧条幅下部绘两人正在揪打一坐在床上的读书人，其中下方一人左手出掌，右手握拳；上方一人则左手前伸，右手高高挥舞一根棍棒（图1）。这是根据《金刚般若波罗蜜经》中经文"忍辱波罗蜜"所绘。图中所绘的棍棒我们可以将其谓作笞杖，但这里不属于处罚的性质。

莫高窟中唐第468窟北壁药师经变（五代绘）中有一幅古代学堂体罚学生的画面，图中绘一老师端坐于正房，院落内一助教右手高高举起一长木条，正准备抽打一学郎，助教挥动的长木条也可谓作笞杖（图2）。

酒泉市西沟村魏晋墓出土的彩绘砖中有一幅"行刑图"，图中左侧绘两人匍匐长跪，头戴进贤冠，身穿黑色交领长衫，手捧笏板；后面站立两人，头戴红帽，右手各持一棍（图3）。因为这是行刑的场面，两人手中所拿的棍棒即是笞杖。

图3　酒泉西沟村魏晋墓　行刑图

对"杀生"之罪的惩罚

"不杀生"是佛教清规戒律中的第一戒，尤为重要。为此，《增壹阿含经》中说："若有人意好杀生，便堕地狱、饿鬼、畜生。"（《大正藏》第2册）宣传佛教思想的敦煌壁画中，绘制了不少与此相关的内容。

如莫高窟五代第61、72、98窟等洞窟中绘制的刘萨诃因缘故事画，故事中说东晋时期一位高僧名叫刘萨诃，出生在一个匈奴后裔家中，其家骡马成群，牛羊满圈，良田千顷，有权有势。弟兄三人皆舞枪弄棒，武艺超群，是当地一霸。老三刘萨诃自小不爱读书，目不识丁，但身材高大，膂力过人，精于武艺，刀、枪、剑、戟无所不通。平日酒足饭饱，最爱打猎，不知有多少飞禽走兽惨死在他的手中。有一天，刘萨诃大摆宴席，请来亲戚朋友吃酒。他虽然酒量不小，但亲朋们你敬一杯，他敬一杯，刘萨诃喝了个酩酊大醉，昏睡如逝。一直过了七天七夜，因鼻中尚有一丝余气未断，就没有将他埋葬。到第七天，刘萨诃缓缓而醒，复活后刘萨诃给众人详细讲述了这七天中的经历。原来他去阴曹地府走了一遭，阎王爷因他称霸乡里，杀死无数生灵，便将他扔进沸腾的油锅，后被观音相救。阎王又让他参观了十八层地狱，使

图 1　莫高窟五代第 98 窟背屏　刘萨诃因缘故事

图 2　莫高窟五代第 98 窟背屏　刘萨诃因缘故事

刘萨诃受到了一定的教育。他接受了观音菩萨让他离俗出家、脱离苦海的劝告，便又回到了人间。刘萨诃自此以后，痛改恶习，出家当了和尚。

莫高窟五代第98窟背屏中生动形象地描绘了刘萨诃狩猎的场景，第一个画面中绘一猎人纵马急驰，追射奔鹿，惊恐之鹿奔跑逃窜（图1）。第二个画面绘猎手遇见一位僧人，僧人劝告猎人不要杀生，猎人下马躬身静听，获救的野鹿躲在僧人身后（图2）。

又如莫高窟西魏第285窟西壁南侧龛外所绘的外道人物婆薮仙，形象为身着裸体围裙，椎髻浓髯，手执一鸟，表示有杀生之罪（图3）。据《大智度论》卷三记载，婆薮仙曾是一位厌世出家的国王，因有居家婆罗门和出家仙人争论在天祀中是否可以杀生啖肉，他支持杀生派，说是"我知为天故杀羊啖肉无罪"，使后世杀生祀天、杀生吃肉有了依据，"从是以来乃至今日，常用婆薮仙人王法，于天祀中杀羊，当下刀时言婆薮杀汝"；婆薮仙因此遭受沉落大地之苦，"即复陷入地至膝，如是渐渐稍没至腰至颈"。（《大正藏》第25册）

又如莫高窟中唐第112、236窟，晚唐第85、138窟报恩经变中的金毛狮子坚誓本生，说有一狮子名坚誓，毛呈金色，勇猛异常，力敌千狮。但常亲近沙门，悉听佛法。一猎人异其毛色，欲图其皮献王以求爵禄，便伪装沙门引坚誓亲近后以毒箭射之。当王知其皮来历后，心生厌恶，下令将猎人斩首，并聚香木火化狮皮及尸骸，收其舍利起塔供养（图4）。

又如莫高窟北魏第257窟西壁的九色鹿本生，故事中的溺水者因忘恩负义出卖九色鹿而全身生疮溃烂死去，欲求九色鹿皮毛的王后也

图 3　莫高窟西魏第 285 窟西壁南侧龛外　婆薮仙

图4 莫高窟晚唐第85窟南壁 金毛狮子坚誓 (局部)

因贪欲落空羞恨而死。《佛说九色鹿经》中最后说："大王即下令国中，自今已往若有逐此鹿者，吾当诛其五族。于是众鹿数千为群皆来依附，饮食水草不侵禾稼，风雨时节五谷丰熟，人无疾病灾害不生，其世太平运命化去。"(《大正藏》第3册)

这些故事从不同角度宣扬佛教"五戒"的"不杀生戒"，告诫人们不应该杀生。

收养子嗣，立契为凭

　　收养子嗣是人们生活中的一件大事，既要合理合法，还要得到社会的承认，所以须履行有关手续，收养才得以确立。同时，为了使收养关系得到保障，防止意外的发生，并对一些具体权益通过文字的形式固定下来，因而需要当着亲友的面，立下契约。

　　立嗣契约的主要内容包括：收养时间、收养人姓名及收养的原因、被收养人及生身父母姓名、收养的报酬代价、双方的权益、违约的处理、当事人及见证人画押。

　　如敦煌藏经洞出土P.3443《壬戌年龙勒乡百姓胡再成养男契》（图1）：

　　壬戌年三月三日，龙勒乡百姓胡再成，今则遂养同母弟王保住男清朵作为腹子，其弟男□□□二人同父儿子。自养已后，便须孝养二亲，尽终之日，不发逆心。所有城内屋舍，城外地水家□□□，并共承长、会子停之，亭（停）支一般，各取一分（份）。若有蹭蹬往□□，空身逐出门外，不许横说道理，或有相诤再□□□□，山河为誓，日月澄（证）明，故立此契，用为后验。

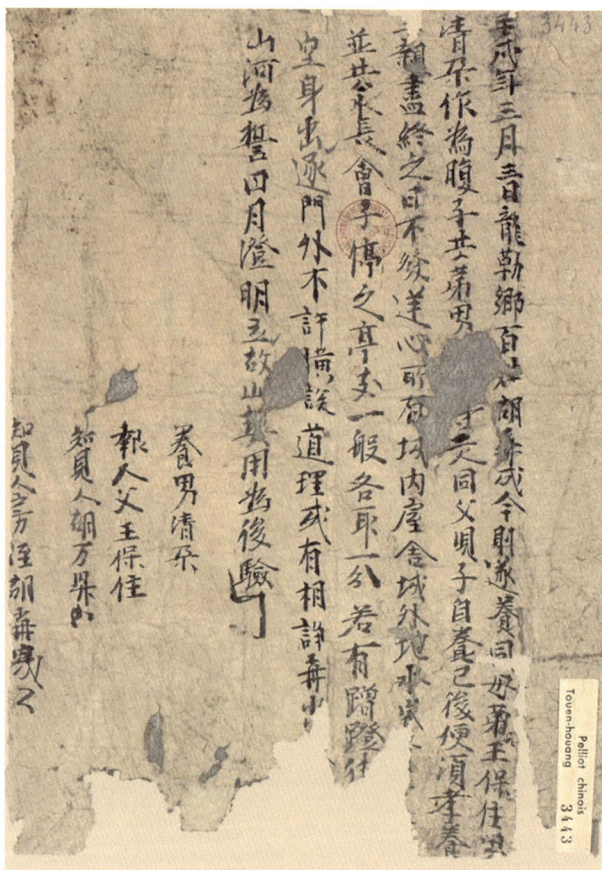

图1　P3443《壬戌年龙勒乡百姓胡再成养男契》

养男：清朵

报人父：王保住

知见人：胡万昇

知见人房侄：胡再成

这件契约说的是胡再成因无子嗣，收养其同母弟兄王保住儿子清孕为养子，为其养老送终之事，并对收养人与养子双方的权利和义务作了明确规定。作为收养人要将养子当做亲生儿子看待，对养子来说要尽孝道，如履行了这个义务，养子有权利继承收养人的全部财产。如不尽孝道，不履行义务则"空身逐出门外"。这份契约中，既有收养时间、收养人姓名，也有被收养人及生身父母姓名，以及双方的权利和义务、对违约的处理、当事人及见证人的画押等，是一份非常完备的契约文书。

收养子嗣，特别注意的是当事人双方都必须"你情我愿"，即当事人双方洽谈，收养与被收养双方的家长及本人同意后，才可以正式开展收养的有关事宜。

如P.4525《太平兴国八年养女契》：

太平兴国八年癸未岁□□□立契，崇会□为释子，具（俱）是凡夫□俗，即目而齐修，衣食时常而要觅，是以往来举动，随从藉人，方便招呼，所求称愿。今得宅僮康愿昌有不属官女某，亦觅活处，二情和会，现与生女父娘乳哺恩，其女作为养子，尽终事奉。如或孝顺到头，亦有留念衣物。如或半路不听，便还当本所将乳哺恩物某，便将别去。不许论讼养父家具。恐后无信，遂对诸亲勒字，用留后凭。

> 养身女
>
> 养母阿安
>
> 养父宅僮康愿昌
>
> 知见
>
> 知见

这份契约中说，一位僧人收养宅僮康愿昌的女儿为养女，宅僮即家奴，康愿昌虽为奴，但其女儿不属官籍。康愿昌为女儿"亦觅活处"，即为女儿另外寻求出路，而这时僧人也正需要人服侍，需要有人"尽终事奉"，于是"二情和会"，即当事人双方"你需我要""你情我愿"，所以一拍即合，这是收养的基础。

一般说来，僧人既然削发为僧，在寺院出家，就不应再涉猎家庭子女，而应超越世俗、出离尘世，这也是僧尼的基本戒律。但在敦煌出现不少僧官、僧人收养女儿的事例，如P.3410"沙洲僧崇恩析产遗嘱"中也记载说："娲柴小女，在乳哺来，作女养育，不曾违逆远心，今出嫡（适）事人已经数载。老僧买得小女子一口，待老师终毕，一任与娲柴驱使，莫令为贱。"

崇恩是归义军收复敦煌前后，敦煌僧团的主要领袖之一。作为僧团领导的崇恩收养了一个女儿，后来又买了一女子来侍奉自己，可见这种行为在敦煌僧团是允许的。从遗嘱来看，娲柴应是收养的女儿，由婴孩养育成人，长大后正式出嫁，明确是"作女养育"。而小女子则是奴婢，是买来侍奉自己的。奴婢也是财产，所以"待老师终毕，一任与娲柴驱使"。同时，从这份遗嘱可以看到，收养的子女和亲生子女在财产继承上拥有同样的权利。

僧人收养孩子，看起来似乎有悖僧道，但从有关事例来看，其收养的均为女儿，收养的目的不是为了传宗接代，而是需要一个平日侍候自己、病痛时照顾自己、生命结束时送终的人，是出于生活的实际需要。

敦煌民间结社的丧葬互助条例

从西汉至宋、元时期，敦煌地区都有"社"的活动，其形式一般为十几人至四十几人。结社的名称甚多，有所谓"女人社""行人社""渠人社""兄弟社""亲情社""龙沙社"等。不论是什么名称的结社，也不论其成员来自什么阶层，他们的结社宗旨都大致相同，也非常明确。结社主要是为了赈济互助。

如S.2041《大中年间儒风坊西巷村邻等共议赈济凶丧章程》云："所置义聚，备凝凶祸，相共助诚，益期赈济急难。"（图1）S.0527《显德六年（959年）女人社约》云："遇厄则相扶，难则相救。"（图2）

敦煌结社的互助内容很多，如共同修造、维护水渠，开窟造像，兴办佛事，防饥荒，救急难，以及婚丧嫁娶等。其中丧葬互助也是一个重要的内容，有关的社条也有很多。

S.2894《壬申年（972年）十二月亲情社转帖》记载："右缘裴留奴壹女亡，合右（有）赠送，人各面壹斗，油壹合，粟壹斗，柴壹束，鲜净缝绢色物叁丈。幸请诸公等，帖至，限今月廿二日卯时，在官楼门前取齐。"对于到规定时间未来者，"罚酒壹角"，而对全不来者，则"罚酒

图1　S.2041《大中年间儒风坊西巷村邻等共议赈济凶丧章程》

图2　S.0527《显德六年女人社约》

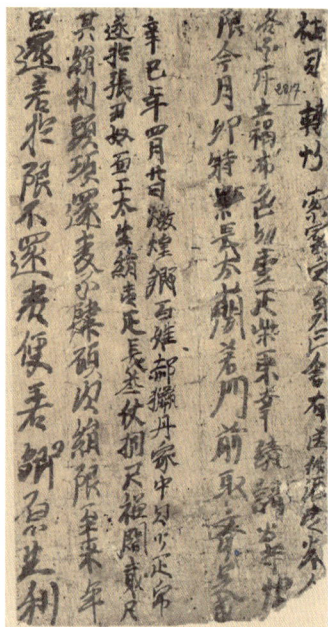

图3　P.2817《社司转帖》

半瓮"，有相应的惩罚措施。

P.3544 大中九年（855年）《社条新约》记载："敦煌一群（郡），礼义之乡……三为先亡父母，迫凶就吉，共结良缘。""社内三大者，有死亡，赠肆尺祭盘一，布贰丈，借色布两匹半。其赠物及欠少一色，罚酒半瓮。"

S.0527《显德六年（959年）女人社社约》记载："社内荣凶逐吉，亲痛之名，便于社格，人各油壹合，白面壹斤，粟壹斗，便须驱驱济造食饭及酒者。若本身死亡者，仰众社盖白，耽（担）拽便送，赠例同前一般。"

P.4525《太平兴国七年（982年）二月立社条一道》记载："或若社众等，尽是凡夫种子，生死各续，掩就黄泉。须则一朝死亡之间，便须心生亲恨（痛），号咷大哭；或若荣葬之日，不得一推一后，须荣勾临去之日，尽须齐会，攀棺擎上此车。合有吊酒壹瓮，随车浇酹，就此坟墓，一齐号叩。"

P.3070《乾宁三年（896年）社司转帖》记载："右缘李再兴身亡，合［有］曾（赠）送，人各［色］物两匹、饼三十。帖至，限今月十［日］辰［时］于兰舍门前取齐。捉二人后到，罚酒壹角；全不来者，罚酒［半］瓮。"

P.2817《社司转帖》记载："索富定身亡，合有送吊酒壹瓮，人各粟一斗，土褐布色物壹匹，柴一束，幸请诸公等，帖［至］限今月□□（日）卯时，于长太兰若门前取齐。"（图3）

P.3707《戊午年亲情社转帖》："右缘傅郎母亡，准例合有吊酒，人各粟壹斗。帖至，限今月廿五日卯时，于孔阇梨兰□取齐。"（图4）

P.5003《社司转帖》："社户王张六身亡。右件社户今月四日申时身亡，葬宜五日殡送。为缘日速，准条合有吊赠，借布人各一匹，领巾三条，祭盘麦各三升半，赠面各三升半。其布麦面等，并限明日寅时于官楼兰若齐集……九月四日酉时录事安帖。"

所有的社条、社约均把丧葬互助作为社内大事，社众一律参加，赠送布帛、粮食，并有祭盘、吊酒，一切丧事协力办理，直至送葬至坟墓。中唐以后，敦煌不流通货币，实行以物易物，布帛、粮食亦相当于钱物。重要的是，对于迟到者或不参加者，有相应的惩罚措施。

敦煌结社惩罚措施有很多，惩罚根据具体情况亦有轻重，像上面所说的罚酒一角或半瓮算是较轻的，较重的如对"小人不听上人"罚酒一瓮并罚羊一只（P.3489）（图5），对"社人忽有无端是非行事者"（S.6005），开条打屁股，对"席上喧拳，不听上下，众社各决卅棒"（S.6537），甚至对"忽有构椋无端者""便任逐出社内"（S.6537），等等。

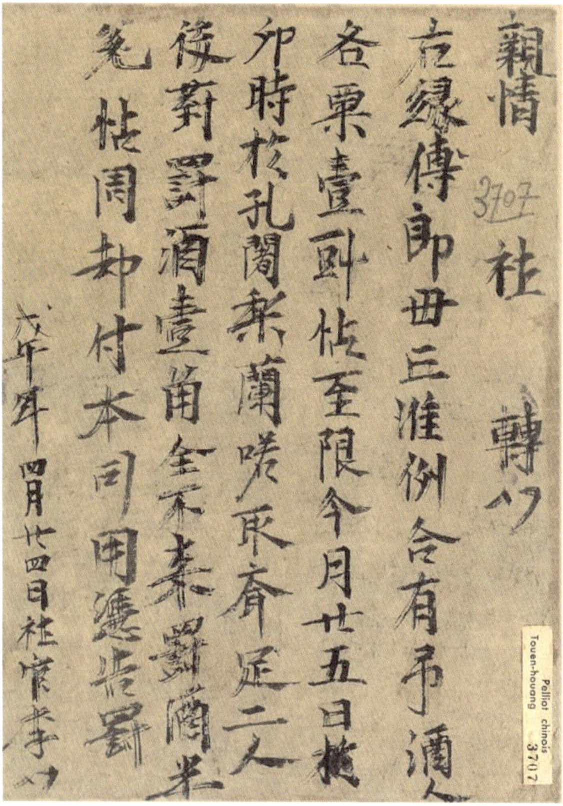

图4　P.3707《戊午年亲情社转帖》

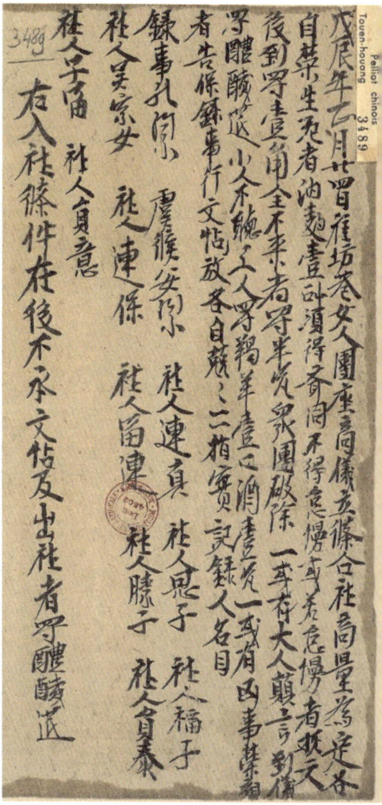

图5　P.3489《戊辰年正月廿四日
庄坊巷女人结社文书》

入社、退社——"伏请三官，众社商量"

　　敦煌民间结社的目的主要是赈济互助，互助内容很多，如共同修造、维护水渠，开窟造像，兴办佛事，防饥荒，救急难，以及婚丧嫁娶等。为了共同的利益，为了保证各项事情的顺利进行，敦煌的民间结社都制定有相关的社约。同时，为了更好地维护社的统一，不管是入社还是退社都有一定的手续。

　　入社时要先投牒申请，并先交纳规定的物品，待"格礼排备"后，由三官录事写出"许投社牒"之类的文帖，把收名入案的决定通告全体社员，才算入社。如P.2498《投社人状》记载："投社人□□□。鸳鸯失伴，壹只孤飞。今见贵社齐集，意乐投入。更有追凶逐吉，于帖承了。若有入社筵局，续当排备。伏乞三官众社等，乞赐收名入案，不敢不申。伏听处分。牒件状如前，谨牒。"（图1）另一P.2498《投社人状》记载："（前缺）伴，壹只孤飞。今见贵社齐集，意乐投入。更有追凶逐吉，于帖承了。若有入社筵局，续当排备。伏乞三官众社等，乞赐收名入案。不敢不申，伏听处分。"（图2）这两件文书中都写道投社人"鸳鸯失伴，壹只孤飞"，一个人孤苦伶仃，"今见贵社齐集"，于是"意乐

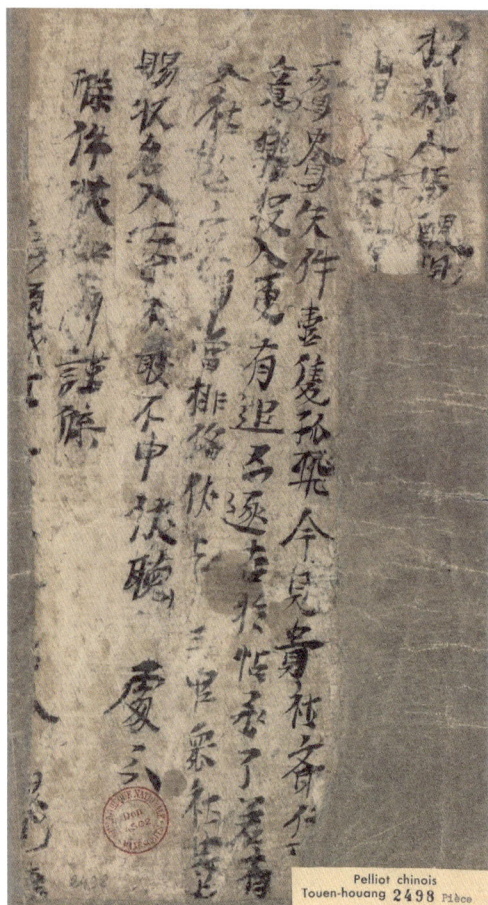

图 1　P.2498《投社人状》　　　　图 2　P.2498《投社人状》

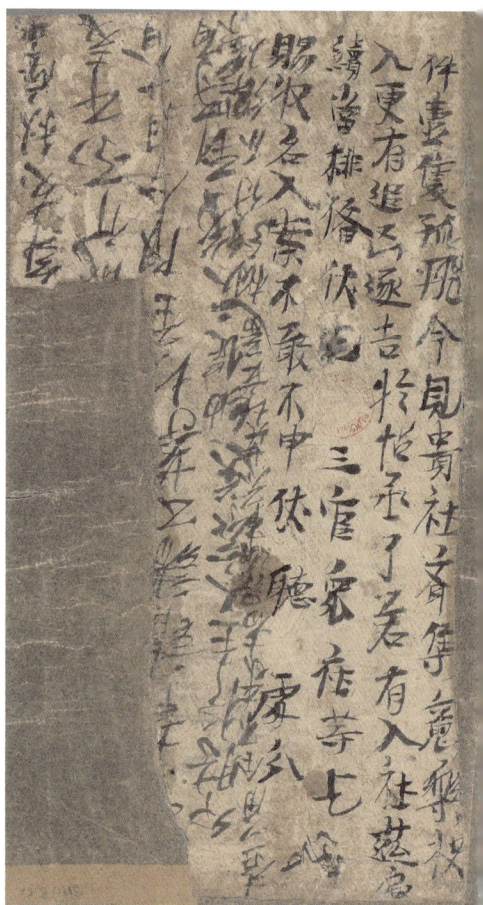

投入"，为此"排备""筵局"，"伏乞三官众社等，乞赐收名入案"。

又如P.3216《唐至德二年正月十日投社人何清清状》记载："投社人何清清状。何清清不幸薄福，父母并亡，更无至亲老婆侍养，不报恩德，忽尔冥路，敢见父母之恩须缁俗不同，宫门□，幸诸大德和尚等摄众生之宝意，□□慈深，矜舍小□，欲同接礼，后入社者，一延使□，伏三官录事，乞赐收名。伏请处分。牒件状如前，谨牒。至德二年正月十日何清清牒。"投社人"父母并亡，更无至亲老婆侍养"，为此希望入社，请求"三官录事，乞赐收名"。

又如P.3266《董延进投社状》记载："投社人董延进，右延进父母生身，并无朋友，有空过一生，全无社邑。金（今）过贵社，欲义（拟）投入，追凶逐吉。伏望三官，乞赐收名入案。于条承望追逐，不敢不身（申）。伏请处分。厶年厶月厶日社子董延进谨状。伏礼请处分。"（图3）入社的原因是投社人"无朋友"，希望入社后能"追凶逐吉"，为此"伏望三官，乞赐收名入案"。

社人退社时也要写请除名状，并说明退社原因，然后"伏请三官，众社商量"，即由社的负责人"三官"与全体社人商量后作出"除名"的决定。如S.5698《癸酉年三月十九日社户罗神奴乞求除名状》记载："癸酉年三月十九日，社户罗

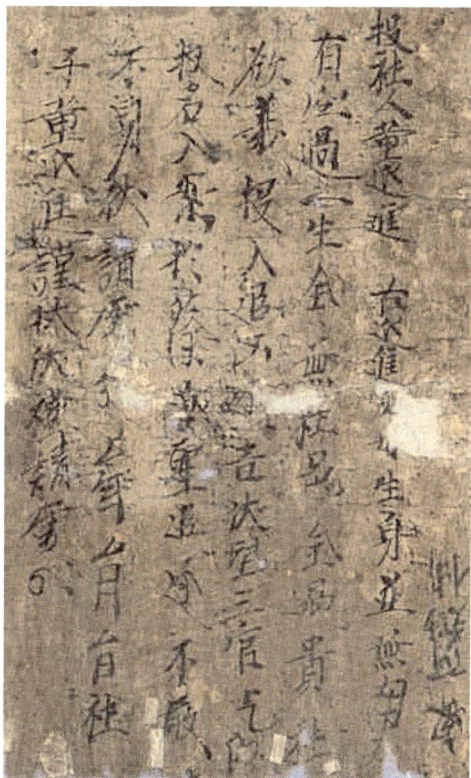

图3　P.3266《董延进投社状》

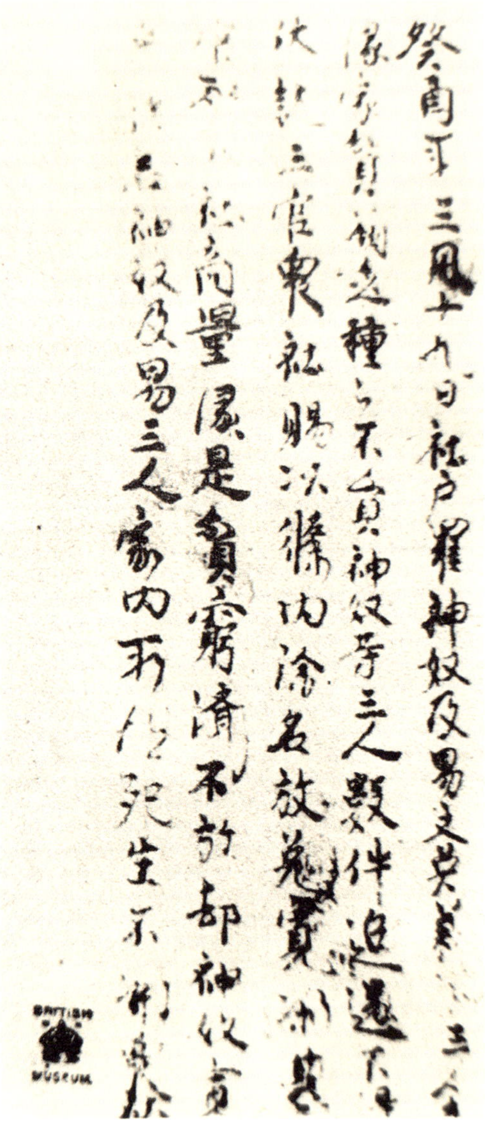

图4　S.5698《癸酉年三月十九日社户
罗神奴乞求除名状》

神奴及男文英、义□三人，□
缘家贫阙乏，种种不员（圆）。
神奴等三人数件追逐不得，伏
乞三官众社赐以条内除名，放
免宽闲，其三官知众社商量，
缘是贫穷不济，放却神奴，宽
免除名。神奴及男三人，家
内所有死生，不关众社（后
缺）。"（图4）

　　由此可见，人们虽然有入
社、退社的自由，但"社"不
是茶馆、酒店，不是任何人想
来就来、想走就走的地方，必
须履行一定的手续。批准一
个人入社或退社，既不是某一
两个负责人说了算，也不是简
单地依从全体成员的意见，而
是由"官"在听取全体成员意
见的基础上作出最后的决定。

敦煌写经题记的原始著作权意义

写经，在敦煌藏经洞出土文献中数量最多，位居其首。人们除了关注其佛经内容外，同时也非常关注写经中的题记。这些题记不仅对于考证写经的时代、宗教信仰等问题具有重要意义，同时也对了解我国古代有关著作权的问题有所帮助。

敦煌藏经洞出土的写经题记，大体可以分为由清信士和沙门弟子所写经卷的题记；由寺院组织、官方监制的写经题记；由官方组织所写经卷的题记。

从著作权角度看，第一类题记较为简单，一般形式为：写经者姓名+写经年代+写经事因。现列举如下：

S.1911《佛经》题记："开元八年（720年）四月八日清信弟子孙思忠写了。"

S.2624《诸佛要行舍身功德经》题记："清信弟子史苟仁，为七世父母、所生父母前后死亡写，开元十五年（727年）七月十五日记。"

S.4476《佛说父母恩重经一卷》题记："乾符二年（875年）五月□日为亡女辛兴进敬写此经，愿神生净土，所有罪障，并皆消灭。"

第二类题记较第一类复杂，除写经年代、写经者外，还涉及装潢、初校、二校、三校、详阅（多人）、判官、监制等多个署名。现列举如下：

S.3361《妙法莲华经卷第一》题记："上元三年（676年）七月廿八日，门下省书手袁元口写，用纸十八张，装潢手解善集，初校慧日寺义成，再校慧日寺义成，三校慧日寺义成，详阅太原寺大德神符，详阅大德嘉尚，详阅太原寺主慧立，详阅太原寺上座道成，判官司农寺上林署令李德，使朝散大夫守上舍奉御阎玄道监。"

S.1048《妙法莲花经卷第五》题记："上元三年（676年）十一月五日，弘文馆楷书成公道写，用小麻纸二十一张，装潢手解善集，初校禅林寺僧慧智，再校禅林寺慧智，三校禅林寺慧智，详阅太原寺大德神符，详阅太原寺大德嘉尚，详阅太原寺主慧立，详阅太原寺上座道成，判官司农寺上林署令李德，使朝上大夫守尚舍奉御阎玄道监。"

第三类题记较前两类题记都复杂，涉及写经年代、翻译、宣译梵本、笔受缀文、证义、译语、奏行、进奉、详定（多人）、检校写、流行等。现列举如下：

S.2423《佛说示所犯者法镜经》题记："景龙二年（708年）岁次景（丙）午十二月廿三日，三藏法师室利未多（唐言妙惠）于崇福寺翻译，大兴善寺翻经大德沙门师利笔受缀文，大慈恩寺翻经大德沙门道安等证义，大首领安达摩译语，至景云二年（711年）三月十三日奉行，太极元年（712年）四月□日，正议大夫太子洗马昭文馆学士张齐贤等进，奉敕大宗大夫昭文馆郑喜王详定，奉敕秘书少监昭文馆学士韦利器详定，奉敕正议大夫行太府寺卿昭文馆学士沈佺期详定，奉敕银青光禄大夫黄门侍郎昭文馆学士延悦详定，奉放银青光禄大夫黄门侍郎昭文馆学士尚柱李义详定，奉放工部侍郎昭文馆学士护军卢藏用详定，奉敕左散骑常侍昭文馆学士权兼检校右羽林将军上柱国寿昌县开国伯贾膺福详定，奉敕右散骑常侍权兼检校羽林将军上柱国高平县开国侯徐彦伯详定，奉教银青光禄大夫行中书侍即昭文馆学士兼太子右庶子崔湜详定，奉敕金紫光禄大夫行礼部尚书昭文馆学士上柱国晋国公薛稷详定，延和元年（712 年）六月廿日大兴善寺翻经沙门师利检校写，奉敕令昭文馆学士等详定入目录讫流行。"

　　敦煌写经题记中有写经者、翻译、宣译梵本者、监者、笔受缀文、证义、译语、装潢、奏行、进奉、详阅、详定、检校、流行等现象，这无疑是我国古代的原始著作权意识。

　　另外，从现代图书版本记录的角度来看看敦煌写经题记所蕴含的原始版本记录意识。

　　版本记录也叫版权记录，它记录出版物版本情况，是现代版权的有机组成部分。图书版本记录包括以下项目：（1）书名（或图片名）。（2）著作者（或绘制者）、编辑者、翻译者的姓名。（3）出版者、印刷者和发行者。（4）出版年月、版次、印次、印数。（5）统一书号、定价。这些现代图书版本记录的基本要求，在第二、第三类敦煌写经题记中，是不难找到对应关系的。如表 1 所示：

表 1 现代图书版权与 S.2423 题记记录对比表

现代图书版权记录的内容	S.2423 题记反映的相应内容
书名（或图片名）	佛说示所犯者法镜经
著作者（或绘制者）、编辑者、翻译者的姓名	室利末多(翻译)、师利(笔受缀文、检校写)、道安（证义）、安达摩（译语）、郑喜王、韦利器、沈佺期、延悦、李义、卢藏用、贾膺福、徐彦伯、崔湜、薛稷等（详定）
出版者、印刷者和发行者	奉敕令昭文馆学士等详定入目录讫流行
出版年月、版次、印次、印数	景云二年三月十三日奉行 延和元年六月廿日检校写
统一书号、定价	奉敕流行

从上述比较来看，敦煌写经题记与现代版权记录已十分接近。尽管其中有些对应关系还不十分贴切，例如"统一书号"与"奉敕""流行"之间不能完全类比，"版次""印次""印数"等在唐人写经题记中没有对应关系等，但其中所体现出的那种原始而又十分明显的版本记录意识，是不容忽视的古代原始著作权意识。

敦煌唐宋契约文书中的签署押记

敦煌唐宋契约文书中的签署押记多种多样，但无论何种签署方式，实际上在作为法律文书的契约上，均代表了当事人及相关人对自己的作为和书券内容的认同，若发生争议或引起诉讼时，可以作为判定契约真伪及合法与否的有效证据。

敦煌契约文书中的签押方式可分为以下四种：

一、指节印式

指节印即画指，就是由当事人在契约后面自己的名字下面亲手画上自己一根手指的长度，并点出指尖、指节的位置，或者仅仅画出指尖、指节的位置，敦煌契约文书中具体有以下几种情况：

1.用毛笔沿手指边画上一竖，再依次按指尖、第一指节、第二指节画出横线来表示它们的位置。为了使当事人日后更清楚自己的责任，还特别注明是"右手"还是"左手"。如S.1285《后唐清泰三年（936年）杨忽律哺卖宅舍地基契》中的第13行"出卖舍主杨忽律哺"末尾处画"I左头I指"；第14行"出卖舍主母阿张"后面画有"I右I中I指"（图1）。

2.还有在指节印上同时把年龄也标明的。如S.2385《阴国政卖地

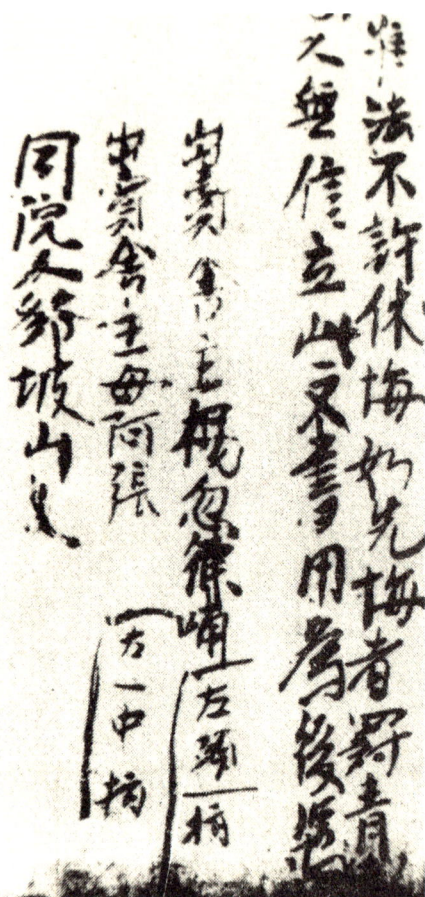

图1　S.1285《后唐清泰三年杨忽律哺卖宅舍地基契》(局部)

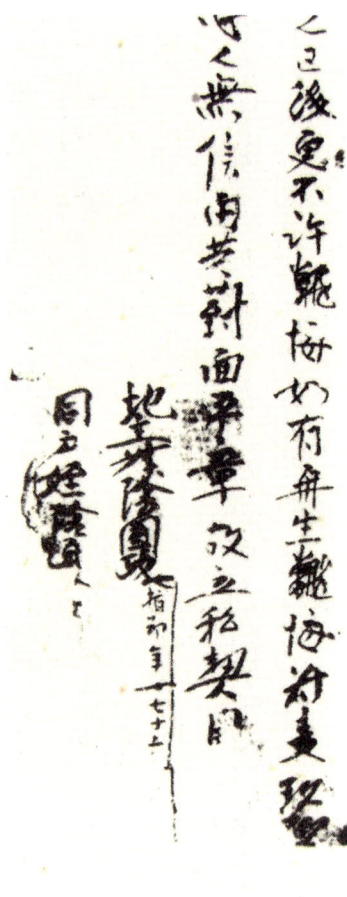

图2　S.2385《阴国政卖地契》(局部)

契》中的第11行"地主叔阴国政"后紧挨着就画有"|指节年|七十二"的签押（图2）。

　　3.用毛笔仅画出两点或三点来表示指尖和指节的。如S.1475v5《未年十月安环清卖地契》中的第 14 行"师叔正灯"和在同一行但颠倒来书写的"母安年五十二";第 15 行"姊夫安恒子"和在同一行但颠倒来书写的"见人张良友"。均用"－－－"来表示。又如 S.1475v9《灵图寺僧神宝便麦契》中的第 9 行"见人僧神寂"旁,画有两点来表示。

4.画有指节印,但指节印中无文字注明。如 P.2686《巳年二月六日普光寺人户李和和等便麦契》中的第 7 行"保人男屯屯"后就画有此类指节印,即"∣∣∣∣"。

5.把整根指头的形状,连带指甲都画了出来,并且还注明是中指节,指头方向向上。如 P.3223《永安寺法律愿庆与老宿绍建相诤根由责堪状》(前缺)中的第 5 行"法律愿庆"和第 23 行"老宿绍建"后均画有此类指印(图 3)。

从以上可看出,采用"画指"的方式是大多数不识字的普通百姓签署契约的方式。

二、花押式

花押,旧时文书上的草书

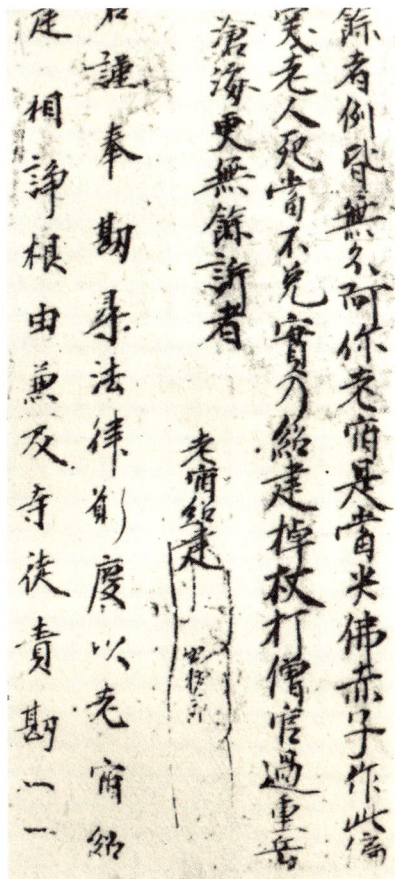

图 3　P.3223《永安寺法律愿庆与老宿绍建相诤根由责堪状》(局部)

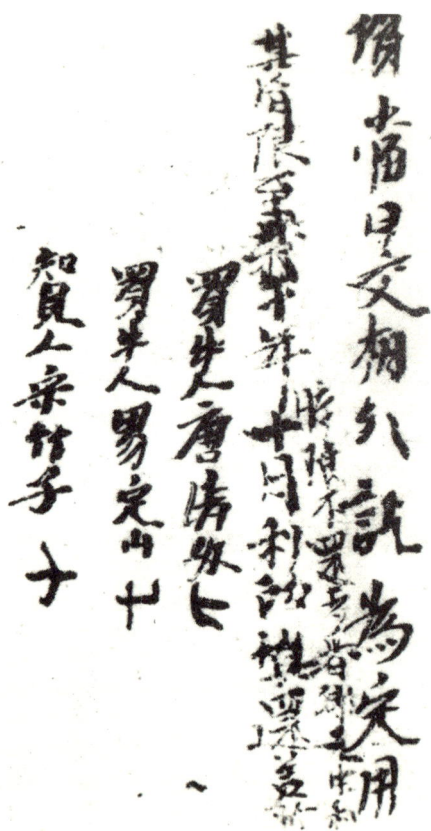

图 4　P.4083《丁巳年唐清奴买牛契》(局部)

签名或代替签名的特殊符号，也叫"花书"或"押字"。一般最为普通的就是画一个十字，即"画押"。敦煌契约文书中的花押主要有三种形式：

1.十字形：最简单的一种签署形式。如P.4083《丁巳年（897年或957年）唐清奴买牛契》中的第6行"买牛人唐清奴"、第7行"买牛人男定山"、第8行"知见人宋竹子"后，均画有一"十"字形图案（图4）。

许多人所画的"十"字，有很多都画成了"七"字，可见当时一般老百姓没有文化或文化程度不高，用毛笔来书写自己的名字很困难，所以即使画简单的"十"字，也是非常不易，毛笔一拐就成了"七"字。

2.花书：将自己的名字连笔写成一字，如花朵。如S.466《后周广顺三年（953年）龙章祐、祐定兄弟出典土地契》第14行"知见父押衙罗安进"后一签署方式便是花书（图5）。

3.鸟形押：鸟形图案的花押，用作个人签名的标志符号。在敦煌遗书内，此种押记出现于五代及北宋，造型多就本人姓名中某字进行图案化加工，使之化作鸟形，亦有将字之某一部分夸张成鸟形者。

（1）曹元忠鸟形押：归义军节度使曹元忠签署押记，作用相当于本人名章。取形为一鸟，右向前视，立于枝头。最早之形作鸟首向右，鸟形比较瘦，见于P.3160《辛亥年（951年）押衙知内宅司宋迁嗣椟破用历状并判凭》；之后的鸟足与树枝的造型比较粗一点，见S.3728，署年乙卯，即后周显德二年（955年）；最后简化作鸟形较肥一些，如P.3272《丙寅年（966年）牧羊人兀宁状并判凭》（图6）。

（2）曹延禄鸟形押：归义军节度使曹延禄签署押记，作

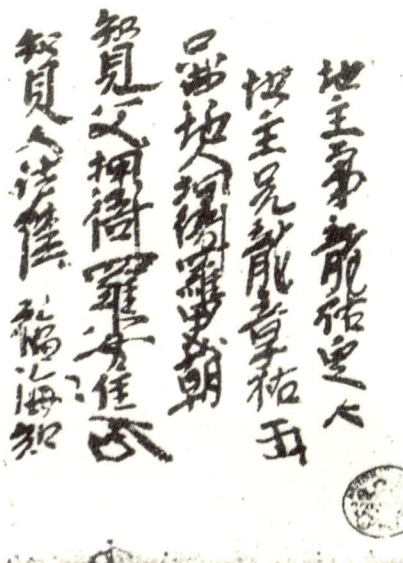

图5　S.466《后周广顺三年龙章祐、祐定兄弟出典土地契》（局部）

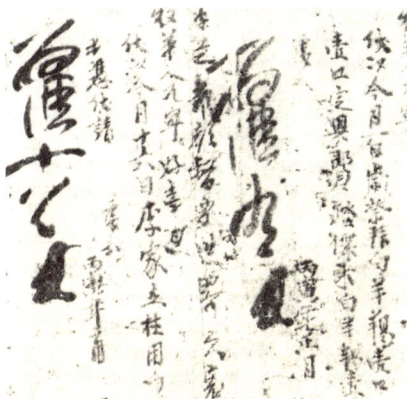

图6　P.3272《丙寅年牧羊人兀宁状并判凭》（局部）

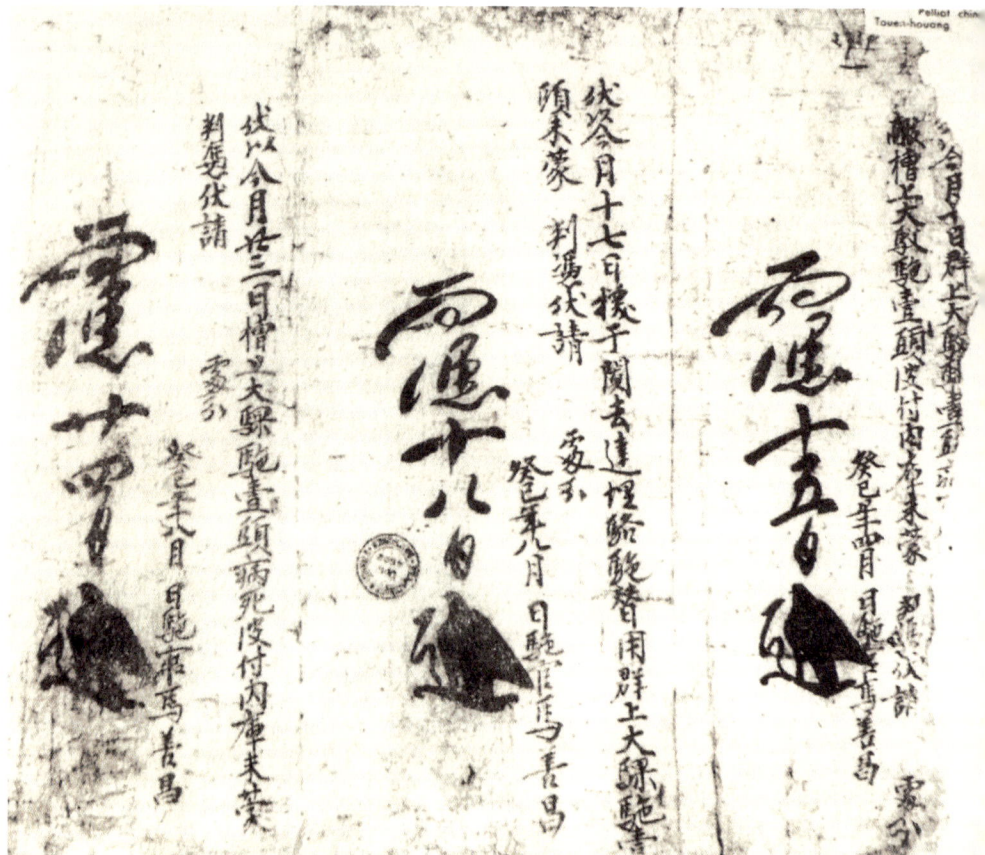

图 7　P.2737 写卷（局部）

用相当于本人名章。见P.3835（押形略残）、P.3878、S.4453、P.2737（图7）。所属年代依次为戊寅（978年）、己卯（979年）、淳化二年（991年）和癸巳（993年），即宋太平兴国三年到淳化四年。此押形状作一鸟向左，乘于走车之上，其鸟形比较肥大。应是用"延"之俗体字化裁而成，其图案化作鸟形，"辶"则保留字体笔画，系图案与字体之合成，为鸟形押之又一模式。

三、签名式

签名就是在契约文书末尾处写上自己的名字或姓氏（一般情况是第三证人），在敦煌契约文书中的具体签名情况分为以下四种形式：

1.以姓氏签署的，如S.4812《天福六年辛丑岁（941年）算会社人兵马使李员住等欠麦凭》中第4行"社人兵马使李员住"后接着就是一草书"李"字的签名。

2.以名签署的，如P.3394《唐大中六年（852年）僧张月光、吕智通易地契》中第19行"见人僧张法原"后接着就是"法原"的签名（图8）。

3.以姓名第二字作为签署的，如P.3989《唐景福三年（894年）五月十日立社条件凭记》中第11行"众请社长翟文庆"后一"文"字；第15行"梁海俊"后一"海"字。

4.以姓名末一字作为签署的符号，如S.4812《天福六年辛丑岁（941年）算会社人兵马使李员住等欠麦凭》中第5行"社人兵马使李贤定"后一"定"字。

四、手印（指印）式

手印：按大拇指手印。然而按大拇指手印，一般针对的是犯罪情况。另外，画圆圈也可代表手印（指印）。但敦煌文书契约中的手印尚不能辨识是哪一个指头的手印，这里只好笼统地称作手印。

如P.3394《唐大中六年（852年）僧张月光、吕智通易地契》中第18行"园舍田地主僧张月光""保人男坚坚""保人男手坚"后均有一手印；第19行"男儒奴"后有一手印。

用画圆圈来代表手印的，如S.527《后周显德六年（959年）正月三

图8 P.3394《唐大中六年僧张月光、吕智通易地契》（局部）

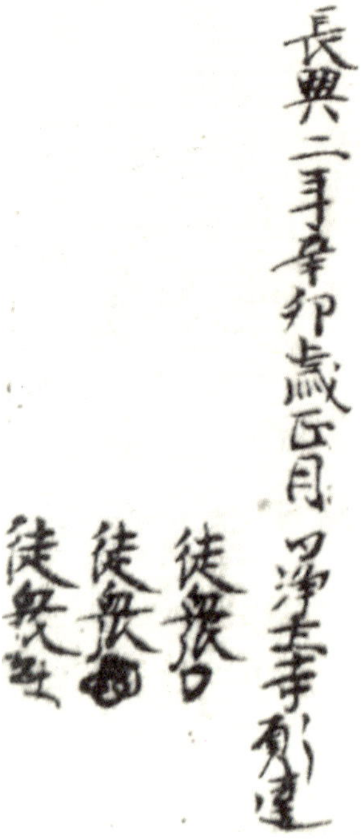

图 9　P.2049v《后唐长兴二年正月沙州净土寺直岁愿达手下诸色入破历算会牒》（局部）

日女人社再立条件》中第 20 行"社人段子"后画一圆圈。再如 P.2049v《后唐长兴二年（931 年）正月沙州净土寺直岁愿达手下诸色入破历算会牒》中第 451 行"徒众"后也画有一圆圈（图 9）。

综上所述，敦煌唐宋契约文书中的这些签署押记，在作为法律文书的契约上，代表了当事人及相关人对自己的作为和契约内容的认同，是作为判定契约真伪及合法与否的有效证据。

"一别两宽，各生欢喜"的离婚书

　　古代敦煌称离婚为"放妻"，这一方面是沿袭春秋之际的"出妻""弃妻"之习，另一方面与当地的风土人情有关，晚唐归义军时期敦煌施行"放良"，即将奴婢释放为自由民，"放良"由贱民身份变为良民，而离婚的"放妻"也意味着给妻子以解脱和自由。

　　离婚在敦煌又称"夫妻相别"，这反映了唐代婚姻中的"和离""两愿离"制度。《唐律疏议》卷一四《户婚律》"诸犯义绝者离之"条中规定："若夫妻不相安谐而和离者不坐。"又阐释说："若夫妻不相安谐，谓彼此情不相得，两愿离者，不坐。"

　　敦煌古时的离婚，无须通过官方机构，亦无须动用法律，而是民间自行处理，但这并不等于个人可以擅自为之，而是相当慎重地分为两步：第一步是把夫妻双方、两家父母及亲眷、当地村老等有关当事人召集在一起商议；第二步是立书为凭，经过商议同意离婚后，即可立书，谓之"放妻书"或"相别书"。

　　离婚的原因多为"夫妻不相安谐""彼此情不相得"，如S.0343《放妻书》的内容为（图1）：

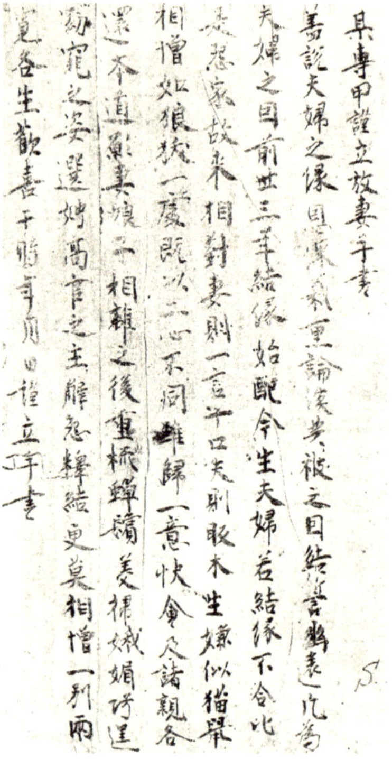

图 1 　S.0343《放妻书》

某专甲谨立放妻手书

盖说夫妇之缘，恩深义重，论谈共被之因，结誓幽远。凡为夫妇之因，前世三年结缘，始配今生夫妇；若结缘不合，比是怨家，故来相对。妻则一言十口，夫则反木（目）生嫌，似猫鼠相憎，如狼犬一处。既以二心不同，难归一意，快会及诸亲，各还本道。愿妻娘子相离之后，重梳蝉鬓，美扫娥眉，巧逞窈窕之姿，选聘高官之主。解怨释结，更莫相憎。一别两宽，各生欢喜。于时年月日谨立除书。

这篇离婚书强调的是"结缘不合"，两人最终如"猫鼠相憎"，看来主要是性格不合；妻则"一言十口"，夫则"反目生嫌"，渐渐便"二心不同，难归一意"，因而要"一别两宽，各生欢喜"，于是"会及诸亲"来作证人，立此文书。最后希望"解怨释结，更莫相憎"，达到"和离""两愿离"的目的。

P.3730v《放妻书》内容为（图 2）：

盖以伉俪情深，夫妇义重，幽怀合卺之欢，须□□（同）牢之乐。夫妻相对，恰似鸳鸯，双飞并膝，花颜共坐。两德之美，恩爱极重，二体一心。共同床枕于寝间，死同棺椁于坟下。三载结缘，则夫妇相和。

三年有怨，则来作仇隙。今已不和，想是前世怨家。眨目生嫌，作为后代增（憎）嫉。缘业不遂，见此分离。聚会二亲，夫□妻□，具名书之。□归一别，相隔之后，更选重官双职之夫，弄影庭前，美逞琴瑟合韵之态。解□舍结，更莫相谈。三年衣粮，便献柔仪。伏愿娘子千秋万岁。时次某年某月日。

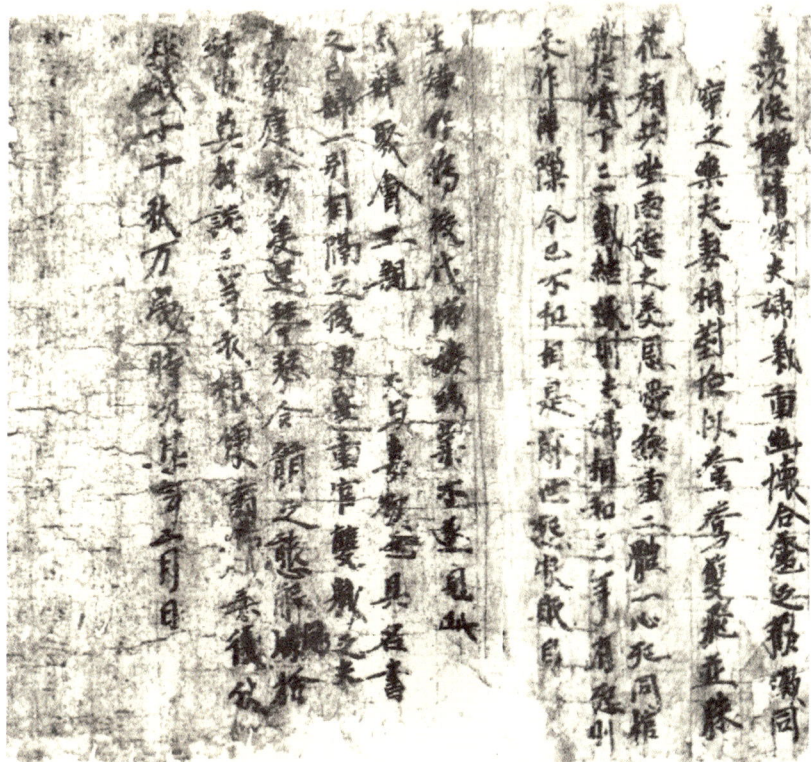

图2　P.3730v《放妻书》

这是结婚三年的一对夫妻，终因感情不和而分道扬镳。

也有指责妻子，认为是妻子不良行为造成家庭不和的，如P.3212《夫妻相别书》中云（图3）：

盖闻人生一世，夫妻语让为先。世代修因，见存眷属。夫取妻意，妻取夫言。恭敬□□事（侍）奉郎姑叔伯，新妇便得孝名，日日即见快活。今则夫妇无良，便作五（忤）逆之意，不敬翁嫁（家），不敬夫主，不事六亲眷属，污辱泉（家）门，连累兄弟父母。前世修因不全，弟兄各不和目（睦）。今仪（拟）相便分离，不别日日渐见贫穷，便见卖男牵女。今对两家六亲眷属，团坐亭（停）腾商量，当便相别分离。自别已后，愿妻再嫁富贵得高夫，某不再侵凌论理……

不论是"放妻书"还是"相别书"，其基本内容是类同的。首先从正面阐述夫妻应彼此恩爱相亲，接着转到当前的实际生活，历数夫妻关系存在的各种问题，而且是无法和解的，夫妻已无法继续共同生活，其后果是导致家庭不和、家业破散，唯一的出路是夫妻分离，各奔前程。至于婚后家庭财产的分配，敦煌民间婚俗显然持公平态度，如S.6537《放妻书》中云："所要活业，任意分将。……两共取稳，各自分离。"要求双方不用斤斤计较，而是"任意分""共取稳"。又如P.3730v《放妻书》中所说："三年衣粮，便献柔仪。"这是财产分配的又一形式，即由男方再负担女方三年衣粮，而且在离婚后一次"献"完，"伏愿娘子千秋万岁"，离婚才算告终。但只字不提儿女之事，可见当时的离婚习俗是女方一人离开男家，这就是"出妻""放妻"，儿女一律留在夫家。

"放妻书""相别书"末尾是祝福之词，如"□归一别，相隔之后，

更选重官双职之夫""愿妻再嫁富贵得高夫"，说明离婚后可以男娶女
嫁，互不干扰，同时也反映了"好聚好散"的气氛。"放妻书""夫妻
相别书"一经约定，离婚便正式生效，并以此为凭证，相当于现在的离
婚证。

图 3　P.3212《夫妻相别书》

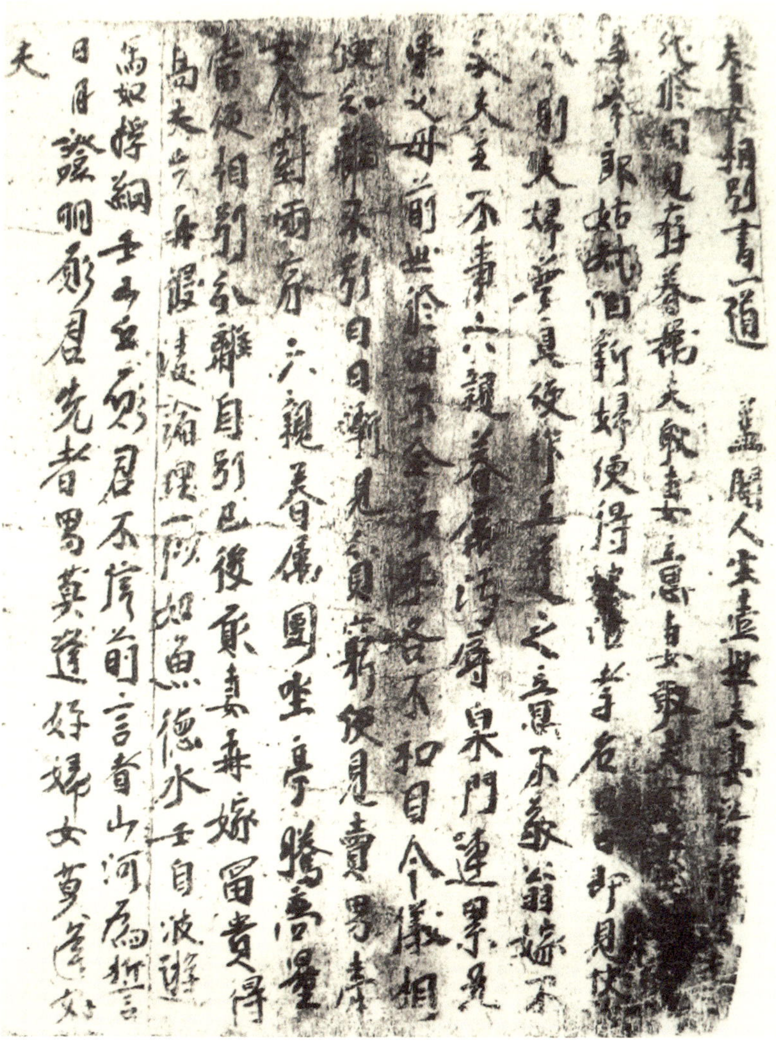

妇女改嫁随己意

　　唐朝时期，敦煌民间妇女与男子的地位相对较为平等，所以也经常有妇女主动提出离婚，并按照自己的意愿改嫁的。如敦煌变文S.4654、P.2721《舜子变》中云："后阿娘亦见舜子，五毒嗔心便起。'自从夫去辽阳，遣妾勾当家事，前家男女不孝，东家酒席常开，西院书堂常闭，夜夜伴涉恶人，不曾归来宅里。……解事把我离书来，交我离你眼（远）去。'"这自然是后娘提出的要挟之词，她提出离婚的目的，是想迫使瞽叟去杀舜。又如S.4129、P.2564、P.2633《新妇文》云："新妇乃索离书：'废我别嫁可曾夫婿。'翁婆闻道色（索）离书，忻忻喜喜。且与缘房衣物，更别造一床毡被，乞求趁却，愿更莫逢相值。新妇道辞便去，口里咄咄骂詈：'不徒（图）钱财产业，且离怨家老鬼。'"（图1）这也是新妇提出的要挟之词，她提出离婚的目的，是想迫使不务正业的丈夫改邪归正，结果丈夫向她认错，她又回到家中。虽然上述两例中的女子都是以离婚为要挟试图达到其他目的，但从中也可以看到当时的妇女可以主动提出离婚。

　　唐朝时期，对寡妇改嫁持开明态度。《通典》卷八九"父卒为嫁母服"中记载："父卒母嫁当服周。"儿子对改嫁的母亲，其丧服是一周年，如不改嫁是三年，这明显是对寡妇改嫁的贬抑。据《通典》卷八九"齐缞杖周"记载，至天宝六载（747年）才赦文："虽存出母之制，顾复之慕，何伸孝子之心。其出嫁之母，宜终服三年。"这才为寡妇的改嫁取得了合法的、平等的地位，但寡妇改嫁应在三年服制满后。但夫妻的丧制无平等可言，"妻为夫斩缞三年""夫为妻齐缞杖周"，在时间上丈夫为妻守丧只一年，而妻子为夫守丧则须三年；在丧服上夫为妻是齐缞，而妻为夫是斩缞。齐缞与斩缞从表面来看只是丧服的缉边与毛缝之差，但实质上二者在丧制上有着级别、轻重之分，斩缞是五服中最重的一种，与父母之丧相同，而齐缞虽在五服之内，但次于斩缞。据《唐会要》卷八三"嫁娶"记载："妻丧达制之后，孀居服纪已除，并须申以婚媾，令其好合。"在服制满后，夫妻均可婚嫁。

敦煌文献中的《放妻书》大多鼓励离婚后的妇女再嫁，如P.4525《放妻书》云："自后夫则任娶贤妻，同牢延不死之龙；妻则再嫁良媒，合卺契长生之净虑。"S.0343《放妻书》云："愿妻娘子相离之后，……选聘高官之主。"P.3730v《放妻书》云："相隔之后，更选重官双职之夫。"P.3212v《夫妻相别书》中云："自别已后，愿妻再嫁富贵得高夫。"

S.0133《秋胡变文》中，秋胡几年不归，秋胡母便劝秋胡妻："不可长守空房，任从改嫁他人。"可见当时敦煌地区对于妇女改嫁之事，实属司空见惯（图2）。

对于丈夫身亡的情况，妻子只要写一份《放良书》祭奠亡者，即可改嫁。如S.5706《放良书》中第一段是女子本人自述来此为妾的经过；第二段谈及其家庭破灭的原因是"犬戎大举，凌暴城池，攻围数重，战争非一，汝等皆亡"，同时说明她改嫁的原因；第三段表达了她要在逆境下生存下去的决心，为此"放从良兼改名"，即与亡夫脱离关系，改嫁从良，并获得改名的权利（图3）。

敦煌壁画所绘内容也对妇女改嫁持宽容态度，如莫高窟北周第 296 窟和晚唐第 85 窟《微妙比丘尼缘品》中详细描绘了微妙三次改嫁的过程，第一次是她丈夫被毒蛇咬死后，两个儿子也相继去世，娘家人又都被火烧死，走投无路的情况下嫁给一个无业酒徒；第二次是微妙不堪忍受酒徒的虐待，逃离后和

图 4　莫高窟北周第 296 窟　微妙与第一任丈夫回娘家

一长者子结为夫妇；第三次是长者子暴病身亡后，微妙按当地风俗被殉葬活埋，又被盗墓的贼首强迫为妻。虽然该故事反映了一个妇女的悲惨遭遇，但对其多次改嫁的情况则认为符合当时的社会习俗（图 4—图 7）。

从文献和壁画都可以看到，当时敦煌地区妇女改嫁的情况非常普遍。

"不可长守空房，任从改嫁他人"，既符合人性，同时也反映了当时和睦的婆媳关系。

图 5　莫高窟北周第 296 窟　微妙被第二任丈夫虐待

图 6　莫高窟北周第 296 窟　微妙与长者子成婚（三嫁）

图 7　莫高窟北周第 296 窟　微妙的第四任丈夫贼首被处决

烦琐复杂的婚嫁礼仪

敦煌文献和敦煌壁画中有不少关于当时婚嫁礼仪的记载和图像。

据《张敖书仪》等敦煌文献记载，婚事全过程分为通婚和成礼两个阶段。通婚阶段是先由男方家向女方家发出"通婚书"，向女方家长致意问候并正式提出婚事，同时携带聘礼送往女家；女方接受聘礼，回以"答婚书"。

成礼阶段最为隆重，成礼之夜男女双方必须各自进行告别父母的仪式，并且祭祀先灵，读《祭先灵文》，然后才能由傧相送出。又据《下女夫词》记载，新郎到女家接新娘时，女方要请新郎下马，并要念一通"请下马诗"，而新郎则故意摆架子，说是"地上不铺锦"，就不肯下马。新郎进女家大门时，要行拜门礼，对女家的大门、中门、堂基、堂门、门锁及土堆都要分别吟诵五言绝句一首，敦煌名曰"论女婿"，相当于后世的"难新郎"。其中"论女家大门词"中说："柏是南山柏，将来作门额；门额长时在，女是暂来客。"意谓你家女儿不能长久待在家里不出嫁。而此时颇有意思的是，女家故意在院里设土堆，然后给工具叫新郎铲去，新郎则要高高兴兴地去干。男方在女家等待

图 1　莫高窟盛唐第 445 窟北壁　婚礼图

时，"向女家戏舞，如夜深即作催妆诗"，既表示欢庆，也是打发时光、等待新娘盛装的最佳方法。敦煌壁画再现了戏舞的场面，如莫高窟盛唐第 445 窟婚礼图中，画面中心有一红衣髫辫儿童正翩翩起舞，旁有六人乐队伴奏（图 1）。

当女方最后同意新郎把新娘接走时，"女家铺设帐仪：凡成礼，须在宅上西南角吉地安帐"。所设之帐又叫"青庐"，为一种小型穹庐，覆以青缯、青幔，为避煞场所。青庐铺设好后，即行撒帐，诗云："壹双青白鸽，绕帐三五匝。为言相郎道，先开撒帐盒。"接着把盒中盛放的果子、金钱向青庐撒去。撒帐以后，"即以扇及行障遮女子于堂中，令女婿傧相行礼"。面对家长及众亲友拜堂行礼的方式，在敦煌壁画中，或是男女站立作揖行礼，或是男女跪拜行礼，或是男女相对互礼，或是男跪女揖行礼。其中"男拜女不拜"的画面尤其引人注目，显示了当时妇女的较高地位。"礼毕升堂奠雁"，以示阴阳往来、妇人从夫、相互偕老等意。

婚礼最后还有几个重要的程序，如"同牢""去帽""除花""合发""梳头""系指头""发誓"等。所谓"同牢"，是新郎新娘必须同吃一盘肉，具体仪式为一是夫妻先各吃三口；二是然后由傧相或侍者喂食；三是饮"合杯酒"，饮酒前用五色锦带将新郎新娘的腿捆扎在一起，表示从今以后双方都要受到婚姻和道德的约束。所谓"去帽"，其

图 2　莫高窟晚唐第 9 窟窟顶东披　婚礼奠雁图

意在"少来鬓发好，不用帽或遮"，以消除新郎新娘之间男女界限。所谓"除花"，则强调结婚的"新"意，"一花卸去一花新，前花是假后花真；假花上有衔花鸟，真花更有采花人"。又有"合发诗"曰："盘龙今夜合，交颈定相宜。""梳头诗"曰："暂借牙梳子，篦发却归还。"最后夫妻系手指头，互相宣誓永不变心，意义亦如《下女夫词》中所云："巧将心上系，付以系心人。""夫妇一团新。"

青庐、行礼、奠雁等内容在敦煌壁画中都有生动描绘（图2）。

"男拜女不拜"的婚俗

古代中国的拜礼,名目繁多,《周礼·春官·大祝》载,拜礼,凡有九种:"一曰稽首,二曰顿首,三曰空首,四曰振动,五曰吉拜,六曰凶拜,七曰奇拜,八曰褒拜,九曰肃拜。"郑玄《注》曰:"稽首拜,头至地也。顿首拜,头叩地也。空首,拜头至手,所谓拜手也。振动,以两手相击也。奇拜,一拜也。褒拜,再拜也,今时持节拜是也。肃拜,但俯下手,今时揖也。"(《礼记·内则》,载《十三经注疏》下册,中华书局 1980 年)宋人王楙《野客丛书》卷二三云:"自唐武后尊妇人,始易今拜而不屈膝。"宋人高承《事物纪原》卷九引孙甫《唐书》云:"唐武后欲尊妇人,始易今拜,是则女屈膝而拜,始于唐武后也。"(《古今事物考》卷一《妇人拜》,上海书店 1987 年)

敦煌壁画中的一些婚礼图描绘了唐宋时期新郎新娘行拜礼时的场景:新郎匍匐在地,叩首作礼;新娘则在其旁站立,双手敛于胸前,只是作揖而已。该"男拜女不拜"的画面引人注目,显示了当时妇女的较高地位,反映了当时的一种男女伦理关系,也是对男尊女卑观念和礼制的一种挑战(图 1、图 2)。敦煌壁画中这类画面最早的一幅出现

图 1　莫高窟盛唐第 33 窟南壁　婚礼图

在大历年间（766—779 年），距武则天执政相去不过百年，这些图像资料进一步证实了文献的记载。

据《大唐西域记》记载，印度把致敬的仪式也分九等，从轻到重："一、发言慰问；二、俯首示敬；三、举手高揖；四、合掌平拱；五、屈膝；六、长跪；七、手膝跪地；八、五轮俱屈；九、五体投地。"（《大正藏》第 51 册）可见头叩地者为重礼。《大智度论》也将拜礼分作三等：下者揖，中者跪，上者头面着地。无论从中国传统还是印度和佛教的习俗来看，伏地叩拜均为重礼，双手作揖视为轻礼。

　为什么拜堂时新郎行重礼、新娘行轻礼呢？有学者认为，敦煌流行入夫婚，是在女家拜堂，这时新郎面对的是岳父岳母，在别人家中为了表示尊敬，所以行大礼。而新娘是在自己家中，面对的是自己的父母，也就用不着过分讲究礼仪，所以行轻礼，男跪女揖的拜堂正是入夫婚的具体表现。

图 2　莫高窟晚唐第 12 窟南壁　婚礼图

试图僭越地位、身份的摄盛之俗

图 1　莫高窟盛唐第 116 窟北壁　婚礼图

　　在等级森严的封建社会，为了区别不同人的身份、地位，在服饰、车乘、器物等方面都有具体规定，不得僭越。但在婚礼这种特殊场合，新郎新娘可以夸大自己的身份，可以按超越自己实际级别的礼仪行事，如士庶之辈可以穿戴卿大夫的冠帽，这就是"摄盛之俗"。《周礼》中明确规定："新迎亦当玄冕，摄盛也。"敦煌壁画中的婚礼场面，真实地展现了当时的摄盛之俗。

　　如莫高窟盛唐第116、

图 2　莫高窟盛唐第 33 窟南壁
　　　婚礼图满头珠翠花钗的新娘

图 3　莫高窟晚唐第 12 窟南壁
　　　婚礼图头戴凤冠的新娘

148 窟中的婚礼图，新郎头戴冕旒，身穿褒衣博带，这是帝王、诸侯的
服饰（图 1）。大多数新郎是头戴幞头，穿红色袍服，双手持笏，如莫
高窟晚唐第 12 窟婚礼图中所绘。持笏不是普通庶民的装扮，笏又名
"手版"，唐代以来是品官朝会或出使时所持，把该办理的事情写在上
面，起备忘录的作用，袍笏加身乃是贵族官僚的服制。新郎的服饰反
映了敦煌婚俗中的摄盛之俗，新娘的服饰也随着升级，有满头珠翠花
钗者，有凤冠霞帔者，如莫高窟盛唐第 33 窟、晚唐第 12 窟婚礼图中
的新娘（图 2、图 3）。唐时花钗礼衣是亲王纳妃之服，凤冠在汉代为
皇后所专用，后世亦为命妇所用，是女冠中最为尊贵者。

　　敦煌文献中也有关于摄盛之风气的记载，如《下女夫词》中，男

图 4 莫高窟五代第 98 窟东壁 头戴凤冠的女供养人

傧相陪伴新郎到达女家门前时，唱词极力炫耀和夸大新郎的身份地位，说是"长安君子，进士出身，选得刺史，故至高门""敦煌县摄，公子伴涉，三史明闲，九经为业"。刺史乃州一级的最高长官，又怎样成为敦煌县摄，更不是以九经为业，很明显是即兴编造。

摄盛之俗不仅在敦煌，从春秋以来一直在社会上流行。到了清代，还有"新郎三日大"之说，在婚礼的三天之内，哪怕是目不识丁的劳作者，亦可红顶花翎，他人不得干涉。

这种试图僭越地位、身份的摄盛之俗，实际上反映了人们对当时等级森严的社会伦理关系的不满，是尽可能追求平等地位的一种具有挑战性的行为。从唐宋以后凤冠霞帔逐渐被一般贵妇所穿戴的现象便可以看到等级森严的社会伦理关系被慢慢削弱（图4、图5）。

图5　莫高窟宋代第256窟东壁　头戴凤冠的女供养人

图 1　莫高窟晚唐第 12 窟东壁　维摩诘经变·学堂

唐宋学堂对学生的体罚

　　敦煌壁画中绘有生动形象的学堂教育图。如莫高窟晚唐第 12 窟东壁维摩诘经变中，有一幅尊师重教的场面。图中学堂为一整院落，中间正房为一单檐庑殿建筑，学堂老师正端坐于前，维摩诘居士侧坐于旁；一仆人躬身九十度，正恭敬上茶侍奉老师；一侧的厢房内，学郎们正在读书（图 1）。

壁画中还绘有老师体罚学生的画面，如莫高窟中唐第 468 窟北壁，五代时期所绘药师经变中有一幅古代学堂体罚学生的画面，图中绘一老师端坐于正房，院落内一助教右手高高举起一长木条，正准备抽打一学郎，该学郎赤着脚，衣袖和裤腿都被卷起露出皮肉，臀部微微翘起，无奈地回头望着助教，正痛苦地被抽打；后面厢房内有几个学郎坐在桌旁，案上摊着课本，面面相觑，一副愤愤不平的样子。这是古代敦煌学童被体罚情景的真实写照（图 2）。

图 2　莫高窟中唐第 468 窟北壁　药师经变·体罚

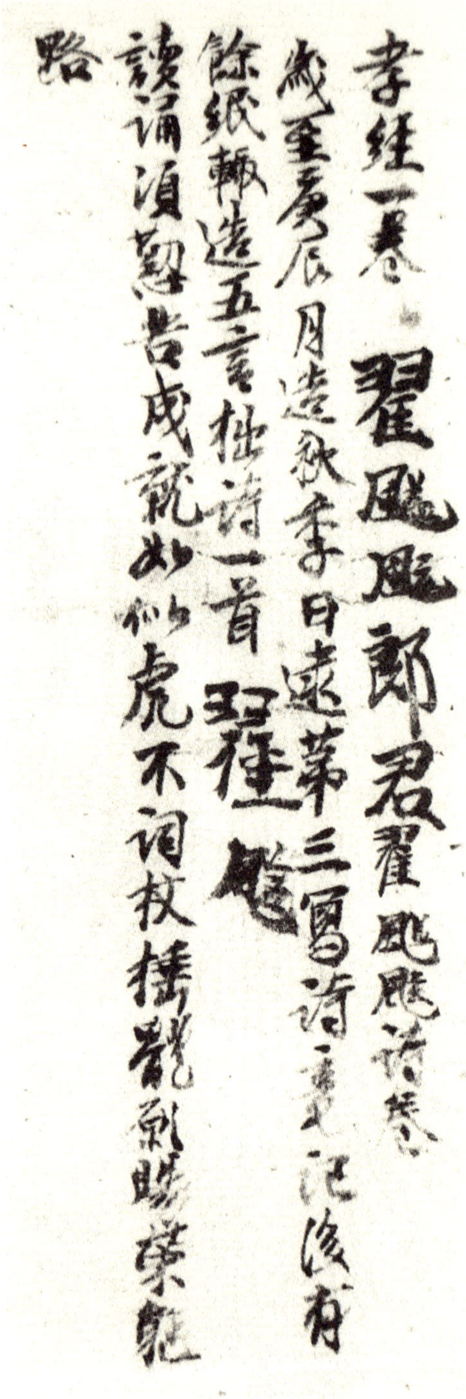

图 3　P.2746《孝经》卷末题诗 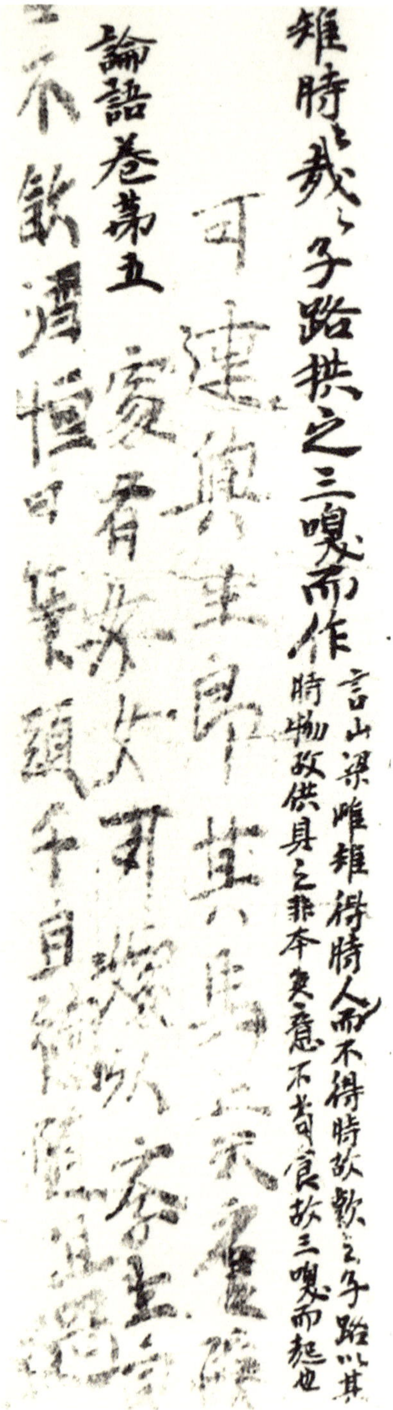　　　　　　图 4　P.3305《论语序》后题诗

　　学郎诗中也有当时学堂体罚学生的记载，如一位姓翟的学郎在 P.2746《孝经》卷末写道："读诵须勤苦，成就如似虎。不词杖捶体，愿赐荣驱路。"为了学有所成，不怕先生竹板子打屁股，这同时也反映出当时学生被体罚的真实情况（图 3）。

　　学生被体罚的原因有很多，可能主要是在课堂上不认真听老师讲课。敦煌藏经洞出土文献中保存了不少当时学生不认真听讲、不认真学习的学郎诗。如 S.3287 写卷中记载："今日书他纸，他来定是嗔。我将归舍去，将作是何人。"这是一个顽皮的学童偷写在同学的《千字文》课本上的打油诗，他认为自己的恶作剧不会被揭穿，因此露出沾沾自喜的情绪。又如 P.3305《论语序》后题诗："可连（怜）学生郎，其（骑）马上天唐（堂）。谁家有好女，可嫁以（与）学生郎？"一边学习《论语》，一边又在想女人（图 4）。又如 P.3486 中记载："谁人读咱书，奉上百匹罗。来人读不得，回头便唱歌。"这也是一个学童自鸣得意的诗作，大意是说，愿意出高价打赌，请人来读自己的书；别人读不懂，自己便高兴地唱歌而去。以艰深晦涩为高明，甚至以字迹难辨为得意，这虽是学童的认识水平，但也让人感到学童的调皮捣蛋。也有不少针对老师发牢骚的诗作，如 P.2622 写卷中有一首学郎要求先生不要占用假日，尽快放学的诗作："竹长林清郁郁，伯（百）鸟取（趋）天飞。今照（朝）是我日，且放学生郎归。"学堂外竹林青翠，百鸟合鸣，满眼春色。本来是假日，但先生仍把学生留在学堂里背书，学生在心里默默祈求快点放学，去春天的树林里快乐玩耍（图 5）。

　　P.3305《论语序》后还有两首题诗，其一"今朝闷会会，更将愁来对。好酒沽五升，送愁千里外"。其二"写者不饮酒，恒日笔头干。且德（得）随宜过，有错没人看"。第一首下有"学生李文段书一卷"的题字，这位名叫李文段的学生或许年龄稍大，所以有饮酒的嗜好，他的满腹愁绪也与一般学童的顽皮不同。一边学习，一边想着饮酒消愁，或许这也是被老师处罚的原因。

学生抄错了字，老师也要处罚，如学郎马富德在 P.3780《秦妇吟》卷末感叹："手若（弱）笔恶，若有决（阙）错。名书（明师）见者，决丈（杖）五索。"（图6）

由此可见，体罚学生是古代学堂管理学生的一种常用手段，也可以说是当时的校规之一。

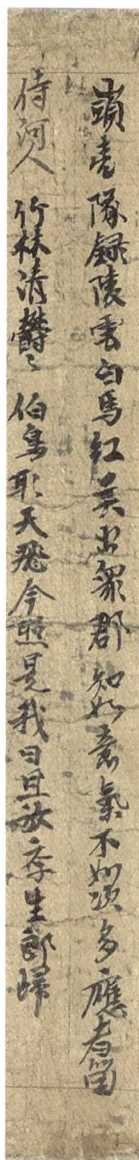

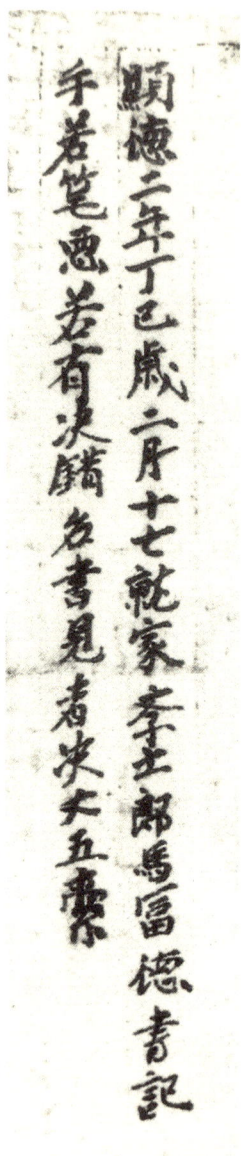

图 5　P.2622 写卷　　图 6　P.3780《秦妇吟》卷末题诗

灌输封建礼制的女子教育

古代敦煌的女子也要学习，但学的不是诗书，而是针线裁缝，一辈子为别人做衣裳。另外还要学音乐，这是为了取悦于人，目的是创造条件觅个好夫婿。

因此，即使在比较开放的敦煌唐宋时期，女子也不能进正规学校接受教育，甚至连寺学、乡里坊巷之学及私塾在内的义学也没有女子就学的记载。不过，女子有条件者，即有经济能力的家庭，可聘请老师到家中教授，其内容以女红为主，兼学音乐，如敦煌写卷P.2418《父母恩重经讲经文》中所言："男须文墨兼仁义，女要裁缝及管弦。"

唐朝末年，敦煌民间流行一种性质为"女训"的通俗读物，即正面进行妇道教育的《崔氏夫人训女文》（图1），其内容为女子出嫁时母亲的告诫训示。母亲作为过来人，带有经验、教训性质的告诫，具有指导意义。文中内容如"好事恶事如不见，莫作本意在家时"一句，教以凡事首先要克己；"欲语三思然后出，第一少语莫多言"劝慎言；"路上逢人须敛手，尊卑回避莫汤前"劝慎行，并注意尊卑；"姑章（嫜）共语低声应，小郎共语亦如然"，教导如何与翁姑小叔相处，即要敬事

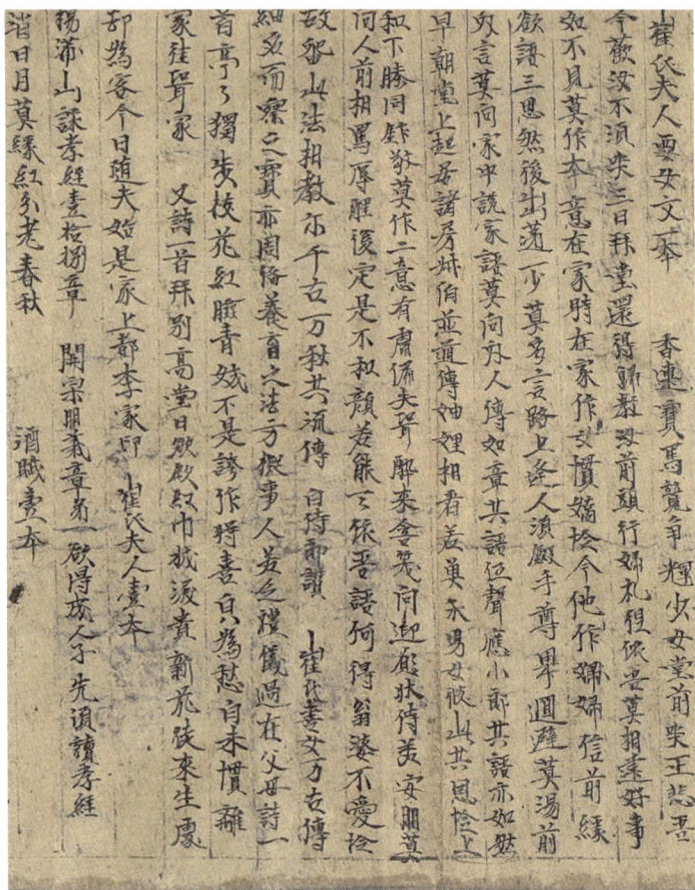

图一　P.2633《崔氏夫人训女文》

翁姑；"妯娌相看若鱼水，男女彼此共恩怜；上和下睦同钦敬，莫作二意有慵偏"，教导如何与妯娌等人相处；"夫婿醉来含笑问，迎前扶持送安眠；莫向人前相辱骂，醒后定是不和颜"，教导如何与丈夫相处，并告诫不和产生的后果；如此等等，"若能一一依吾语，何得翁婆不爱怜。故留此法相教示，千秋万古共流传"。强调以上训示的意义。

　　在敦煌唐宋时期，最为盛行的普及性读物有《千字文》《开蒙要训》《百家姓》《太公家教》《武王家教》《辩才家教》等家教类蒙书，因为影响面极广，其中有关女子教育的内容，对一般妇女可能有更多、更深、更重要的影响。

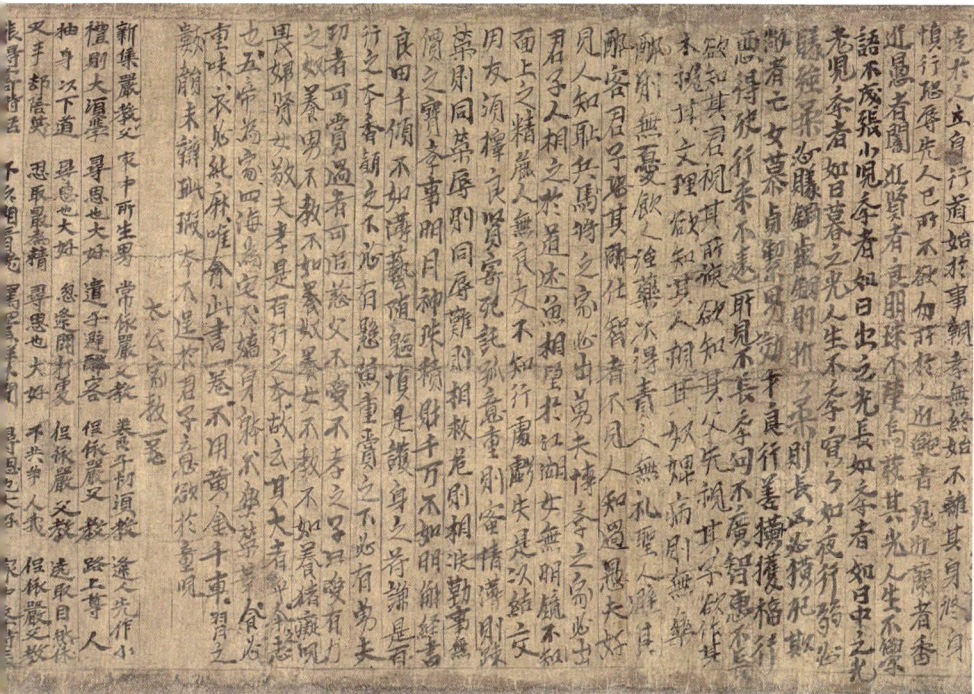

　　《太公家教》（图 2）中有关女子教育的内容颇为全面："育女之法，莫听离母。……女年长大，莫听游走。……女人游走，逞其姿首，男女杂合，风声太丑，污染宗亲，损辱门户。妇人送客，不出闺庭；所有言语，下气低声；出行逐伴，隐影藏形；门前有客，莫出闻听；一行有失，百行俱倾；能依此理，无事不精。新妇事君，同于事父；声音莫听，形影不睹。夫之父兄，不得对语。孝养翁婆，敬事夫主；亲爱尊卑，教示男女；行则缓步，言必细语；勤事女功，莫学歌舞；少为人子，长为人母；出则敛容，动则庠序；敬慎口言，终身无苦。希见今时，贫家养女，不解丝麻，不娴针缕，贪食不作，好喜游走；女年长大，聘为人妇，不敬翁家，不畏夫主；大人使命，说辛道苦，夫骂一言，反应十句。损辱兄弟，连累父母，本不是人，状同猪狗。……女慕贞洁，男效才良。……养男不教，不如养驴；养女不教，不如养猪。痴人畏妇，贤女敬夫。"

《武王家教》中涉及女子教育的内容:"男教学问,拟待明君;女教针缝,不犯七出。常莫用佞言,治家莫取妇语。"

《辩才家教》中涉及女子教育的内容:"贞女聘与贤良,谨节侍奉姑嫜。严母出贞女,严父出[贤良]。"

《千字文》中涉及女子教育的内容主要有"女慕贞洁,男效才良""夫唱妇随。外受傅训,入奉母仪"。

《杂抄》,又名《珠玉抄》《益智文》《随身宝》,属于知识类蒙书,其中涉及女子教育的内容:"论妇人四德三从。何名四德?一、妇德,贞顺;二、妇言,辞命;三、妇容,婉悦;四、妇功,丝麻。何名三从?妇女在家从父,出嫁从夫,夫死从子。"

《孔子备问书》也属于知识类蒙书,其中涉及女子教育的内容:"问曰:何谓妇人七出?一无子,二□□,三不事舅姑,四口舌,五窃,六妒,七恶疾。但犯一条即合弃之。若无七出,□弃之徒一等。何名三不去?一曾持舅姑之服,二取贱后贵,三有所取无所归。难犯七出,不合去之,违大一等,若犯奸及恶病由士弃之。问曰:女家有四不可聚(娶)何?弟(第)一不孝,二始多病淫色有生离之类,三及逆不顺,四寡妇长养女无礼,此之是也。"

《百行章》属于修行类蒙书,其中涉及女子教育的内容:"贞行章第十三:虽遭乱代,不为强暴之勇;俗有倾移,不夺恭姜之操。秋胡贱妻,积记传之;韩氏庸妻,今犹敬重。妇人之德,尚自而然;况乃丈夫,宁不刻骨?"

如此等等,古代敦煌的女子教育,主要是从封建礼教的角度出发,要求妇女三从四德，即使提供条件让女子学习音乐等，也只是培养女子取悦于人，提高其出嫁的档次，即 P.2418《父母恩重经》中所云："学音声，屈博士，弄钵调弦浑舍喜；长大了择时聘与人，六亲九族皆欢美。"（图 3）

　　值得注意的是，关于古代的女子教育，人们似乎比较关注《女诫》《女论语》《女孝经》《崔氏夫人训女文》等专门针对女子教育的古代读物，而对其他涉及女子教育的一般读物却很少重视，殊不知这些普通读物可能对女子的思想和行为有更多、更深甚至更重要的影响和制约。

图 3　P.2418《父母恩重经》（局部）

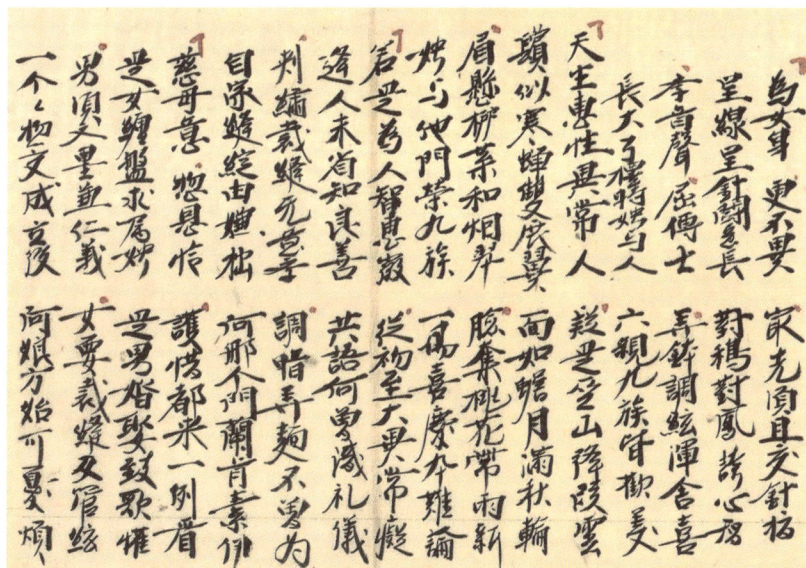

兄弟不和，分家过活

在佛教经典里，反映兄弟之间矛盾的内容很多。如《杂宝藏经》卷七《兄常劝弟奉修三宝弟不敬信兄得生天缘》在谈论信佛的好处时，举例说："昔舍卫国，有兄弟二人。而第一者，奉修佛法。第二之者，事富兰那。兄常劝弟使事三宝，弟不随顺，恒共斗争，情不和合，各便分活。"（《大正藏》第4册）志趣的不同，导致思想上的隔阂，继而进一步导致经济关系的分裂——"分活"。家庭中的政治、经济矛盾由此可见一斑。

同辈嫉妒心是非常强烈的，《杂宝藏经》卷三《兄弟二人俱出家缘》对此作了深刻的揭露。它谈到曾有兄弟二人出家修道。道成，其弟先被一辅相聘为门师，颇受器重。不久，弟向辅相推荐其兄，不料其兄却受辅相倍加青睐。弟旋生嫉妒心，千方百计害兄（《大正藏》第4册）。这个故事颇像我国战国时期庞涓和孙膑的故事，只是一个谈的是兄弟相妒，另一个谈的是同学相妒。

有关兄弟之间的矛盾，敦煌壁画中也有不少反映。如莫高窟北周第296窟，中唐第238、237、231窟和五代第146、98窟等洞窟中所描绘的《善事太子入海品》，便是一个有关兄弟矛盾的故事。据佛经说，波罗奈国国王有两个儿子，一个叫善事，一个叫恶事。兄弟二人虽为同胞手足，但秉性悬殊，善事温顺仁慈，恶事狡诈残忍，人人都憎恶事，为此恶事非常嫉妒善事。

一天，善事出游，见穷人、病人心生怜悯，又见民众劳苦，众生相残，于是生慈悯之心，便求父王将王宫财物布施百姓。不久国库将空，善事听说海底有摩尼宝珠，能变出人们所需之物，于是决定入海向龙王求此宝珠。恶事知道后，要求与善事一起去龙宫，他们分乘两条大船浩浩荡荡地出发了，途中遇到了金山、银

图一 盛唐第148窟甬道顶部南披 恶事刺瞎善事

图2 盛唐第148窟甬道顶部南披 牛王舔去善事眼中竹刺

图3 晚唐第85窟南壁 树下弹筝

山、七宝山。恶事贪财且不愿吃苦,掘金挖银装满大船后便与善事分手返航。

恶事返航中,因为贪得无厌,船装得太重,导致船破宝沉,恶事只身一人侥幸活了下来,艰难地回到了岸边。善事坚持前进,终于到达龙宫,龙王钦佩善事的救世热情和坚忍不拔的精神,不仅赠送摩尼宝珠,还派部下将善事送回海岸。

恶事看到善事取得宝珠,心生恶念,趁善事熟睡时,用竹刺刺瞎善事的双眼,夺走宝珠。善事太子双目剧痛,昏迷不醒,幸好有牛王及牧人路过,牛王用舌头将善事眼中的竹刺舔出。善事随牧牛人流落异国他乡,因眼睛已盲,便请牧牛人为他做了一把琴,然后独自弹琴乞食为生。后帮国王照看果园,拉铃赶鸟,树下弹琴自娱自乐。有一天,公主入园游玩,遇善事一见钟情,结为夫妇。善事的眼睛也在他们立誓起盟之时复明了。(图1—图3)

善事向国王讲述了自己的身世,国王派人把夫妻二人送回波罗奈国。善事回国后不计前嫌,请求父王饶恕恶事的罪行,恶事交回了宝珠,善事焚香供奉,为人民祈求所需各种物品。从此,波罗奈国繁荣富强,人民丰衣足食。

兄弟之间的矛盾,大多是源于政治和经济利益,使兄弟之间的关系难以和谐,佛教为此而哀叹,并将其归为人生苦缘之一。如《佛说释摩男本四子经》中说:"兄与弟争……是为三苦。"(《大正藏》第1册)

佛教的清规戒律"五戒""十善"

佛教的清规戒律主要集中体现在"五戒""十善"上。所谓"五戒"者：不杀生、不偷盗、不邪淫、不妄语、不饮酒。

《增壹阿含经》中对"五戒"作了详细的阐释：（1）关于不杀生戒，"所谓杀生者也，诸比丘，若有人意好杀生，便堕地狱、饿鬼、畜生，若生人中，受命极短。所以然者，以断他命故。是故，当学莫杀生。……若有人不行杀生，亦不念杀，受命极长"。（2）关于不偷盗戒，"所谓劫盗也，诸比丘，若有人意好劫盗，取他财物，便堕饿鬼、畜生中。若生人中，极为贫匮。所以然者，以断他生业故。是故，诸比丘，当学远离不与取"。（3）关于不邪淫戒，"佛告诸比丘，若有人淫泆无度，好犯他妻，便堕地狱、饿鬼、畜生中。若生人中，闺门淫乱。是故，诸比丘，常当正意，莫兴淫想，慎莫他淫"。（4）关于不妄语戒，"所谓妄语，诸比丘，若有人妄言、绮语、斗乱是非，便堕畜生、饿鬼中。所以者何，以其妄语故也。是故，当至诚，莫得妄语"。（5）关于不饮酒戒，"所谓饮酒也，诸比丘，若有人心好饮酒，所生之处，无有智慧，常怀愚痴"。"受畜生、饿鬼、地狱罪。若生人中。狂愚痴惑。不识真伪。""如是诸

比丘，慎莫饮酒。"(《大正藏》第 2 册）

"十善"的内容包括"身三"，即不杀、不盗、不淫；"口四"，即不两舌、不恶口、不妄言、不绮语；"意三"，即不贪、不嗔、不痴。身、口、意代表了行为、语言和思想。"十善"是在"五戒"的基础上，主要多了不贪、不嗔、不痴，其中的"不两舌、不恶口、不妄言、不绮语"，则是"不妄语"的扩展。值得注意的是"十善"中没有与"不饮酒"有关的内容，这与敦煌壁画和敦煌文献中反映的道德规范非常吻合。

敦煌壁画中，绘制了不少与佛教"五戒""十善"有关的壁画。如莫高窟初唐第 323 窟东壁门南、门北两侧所画的"戒律画"，画面中均配有榜题，虽然榜题的文字多已模糊不清，但从残存部分可知书写的是一些戒律条文，即是对相关画面的注解。

图 1　莫高窟初唐第 323 窟东壁门北　戒律画

该东壁戒律画共有 14 个情节，其中门北有八个情节，分别为（1）宁碎其身，不受礼拜：画二人一跪一立，向僧人施礼，左一人举手做欲打之状，表现僧人为守戒，不以破戒之身受诸刹利婆罗门居士恭敬礼拜（图 1）。（2）

宁刺周身，不染凡音：画一僧人扬手面对四人，四人中二人奏乐，二人舞蹈歌唱，表现僧人为守戒，宁以铁锥周遍刺身，不以染心听好音声（图2）。（3）此处内容不明。（4）宁挑双目，不视女色：画一妇人及一侍者，表现僧人为守戒，宁以热铁挑其两目，不以染心视他好色（图3）。（5）宁割其舌，不贪美味：画一僧人扬右手，后随一人，面前有一方桌，上置一半圆形物，桌旁立一男一女，表现僧人为守戒，而宁以利刀割其舌，不以破戒之心贪图美味（图4）。（6）宁去其鼻，不嗅诸香：画一僧人以手指鼻，对面一人手捧一物，表现僧人为守戒，宁以利刀割去其鼻，不以破戒之心贪嗅诸香（图5）。（7）画一僧人立中间，左右二人张臂作劝阻状，此处内容不明（图6）。（8）宁斩其身，不贪诸触：画一僧人合十而立，面前站立二人，似乎正在砍杀一人，表现僧人为守戒，宁以利斧砍其身，不以破戒之心贪著诸触（图7）。

图4　莫高窟初唐第323窟东壁门北　戒律画

图 5　莫高窟初唐第 323 窟
东壁门北　戒律画

图 6　莫高窟初唐第 323 窟
东壁门北　戒律画

图 7　莫高窟初唐第 323 窟东壁门北　戒律画

　　东壁门南绘有六个情节，分别为（1）宁铁匝身，不着华服：画三人捧衣物面向一僧人作供养状，表现僧人为守戒，宁以热铁箍身，而不以破戒之身接受他人华丽衣物的供养（图8）。（2）宁吞热丸，不受饮食：画两人奉食物向僧人作供养状，是表现僧人为守戒，而不受他人美食的供养（图9）。（3）宁投火海，不纳诸女：画大火之前立一僧人，一侧立两个盛装妇人及一侍者，下又绘一妇人作跪拜状，表现僧人为守戒，宁可身投火坑，终不破戒与诸女人而行不净（图10）。（4）宁枕热铁，不享卧具：画一僧人俯卧床上，床前立两人捧卧具拱手施礼，又一人身后有另一张大床，是表现僧人为守戒，宁卧大热铁上，终不敢以破戒之身睡在华丽大床之上（图11）。（5）宁遭鞭笞，不受医药：画一人于僧人背后捉袈裟举手欲打，僧人前立二人分别施礼和持

图8　莫高窟初唐第323窟东壁门南戒律画

图9　莫高窟初唐第323窟东壁门南戒律画

钵，下又画一人持短棒跪器物前，是表现僧人为守戒，终不敢以毁戒之身而受他人的医药供养（图12）。（6）宁投铁镬，不居屋宅：画两人面向僧人，一人合十施礼，一人用手指右上方房舍，是表现僧人为守戒，宁可投身热铁罐内，终不

图 10　莫高窟初唐第 323 窟东壁门南　戒律画

图 11　莫高窟初唐第 323 窟东壁门南　戒律画

以破戒之心受他人"豪宅"房舍供养（图13）。

据有关学者研究，以上守持戒律的画面，比较全面地表现了《大般涅槃经》里为守戒而发的种种誓愿，是莫高窟最早的告诫僧侣严守清规戒律的宣传画。

图12　莫高窟初唐第323窟东壁门南　戒律画　　图13　莫高窟初唐第323窟东壁门南　戒律画

以身殉法、坚守戒律的小沙弥

　　莫高窟北魏第 257 窟南壁《沙弥守戒自杀缘品》，是一幅涉及男
女之情的壁画，这幅画描绘了一个年轻沙弥不受美貌少女的诱惑，以

图 1　莫高窟北魏第 257 窟南壁　沙弥守戒自杀图（局部）

图 1　莫高窟北魏第 257 窟南壁　沙弥守戒自杀图（局部）

身殉佛教戒律的故事，同时也反映了情欲与禁欲之间的矛盾。

据佛经说，曾有一个虔诚信佛的长者，送儿子到一位德高望重的高僧门下受戒为沙弥。平常，这位高僧和弟子的衣食由本城的一位富有居士清信士供养。有一天，居士外出，留其十六岁的妙龄女儿在家看守，居士行前忘记了给僧人送饭。高僧候食不来，就派沙弥到居士家乞食。沙弥来到居士家敲门乞食，少女开门一看，见是一清俊的沙弥，顿时心生爱慕，在沙弥面前牵手拉衣，作诸娇态，倾吐衷情。沙弥想到师父教导的三皈五戒，"坚摄威仪，颜色不改"，为了保持清白，趁少女不注意之时，持刀自刎而死。少女见沙弥身亡，悲呼哀泣。待父亲回到家后，少女向父亲哭诉实情。按照古印度当时的法令，僧人如果死在俗人家，俗人必须向国王交付一定的罚金来赎罪，清信士将此事呈报国王，国王被小沙弥不舍佛法、守戒志坚的精神所感动，下令焚香木，火化小沙弥的尸骸，并起塔供养（图1）。

该故事一方面对小沙弥严守佛门戒律，压抑自己的欲念，坚贞高洁的品行进行表彰；另一方面对少女诱惑沙弥的行为有所指责。

在莫高窟北魏第257窟的画面中，少女头戴宝冠，披大巾，穿长裙，通体为华贵的龟兹装。在描绘沙弥乞食的情节中，少女一手拉扯沙弥的袈裟，头微俯，双眼下视，作羞怯状，表情颇不自然，极显初恋少女情态。沙弥左手托钵，右手急挡少女突然拉扯袈裟的行（图2）。

在莫高窟西魏第285窟的画面中，少女的穿着已不是第257窟中的西域龟兹装，而是南朝汉族服饰。少女头梳双丫髻，有髻鬟，宽袖襦裙。其飘舞的长袖，优美潇洒的身姿，展现了一个怀春少女动人的风韵（图3）。

图 2　莫高窟北魏第 257 窟南壁　沙弥守戒自杀缘品（局部）

　　沙弥誓死坚守戒律，是佛教树立的一个榜样，随时提醒僧侣不要忘记戒律，哪怕牺牲自己的生命也要坚守佛教戒律。

　　纪律，大概是所有组织赖以维系的基本要素。

图 3　莫高窟西魏第 285 窟南壁　沙弥守戒自杀缘品（局部）

敦煌僧尼的饮酒习俗

　　佛教禁止其信徒饮酒，如《出曜经》云："为优婆塞，尽其寿命不得饮酒，不得尝酒，不得教人饮酒。"对僧尼二众，要求更为严格，据《根本说一切有部毗奈耶》载："佛告诸比丘、比丘尼：汝等如以我为师者，凡是诸酒，不得自饮，亦不与人……若故违者，得越法罪。""越法罪"属于当堕阿鼻地狱的重罪。

　　然而在敦煌的中晚唐及五代、宋时期，敦煌僧尼却普遍饮酒，人们都视为正常行为，不仅不会遭受谴责，似乎还成为一种习俗、一种时尚。在藏经洞出土文献中，保存有大量反映寺院酿酒、用酒及僧尼饮酒的账册，详细记载了当时敦煌僧尼的饮酒情况。如S.6452c《壬午年（982年）净土寺常住库酒破历》中就有如下的记载：

　　1.僧人饮酒。壬午年三月"廿五日，酒壹斗，大张僧正东窟来，迎用"；四月"二日，酒壹斗，和尚官渠来吃用"；同月"廿八日，酒壹瓮，众僧吃用"。

　　2.僧人到酒店饮酒。壬午年正月"十六日，酒壹斗，就店二和尚吃用"；"五月一日，酒壹斗，张僧正、李校（教）授就店吃用"；同月"廿

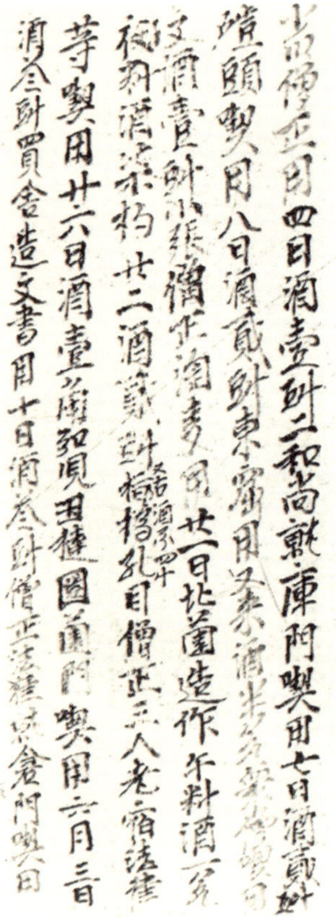

图1 S.6452c 壬午年净土寺常住库酒破历（局部）

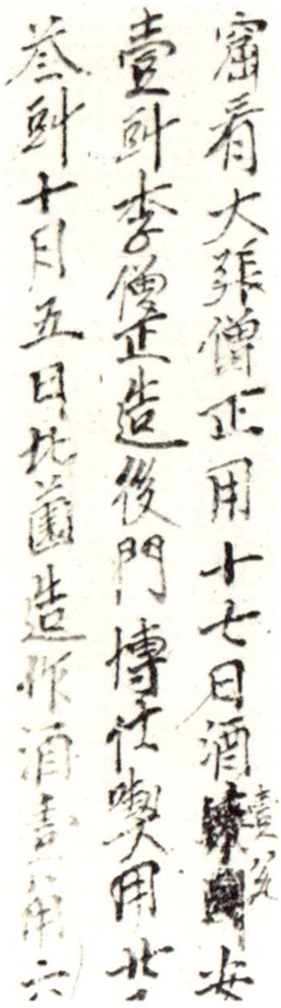

图2 S.6452c 壬午年净土寺常住库酒破历（局部）

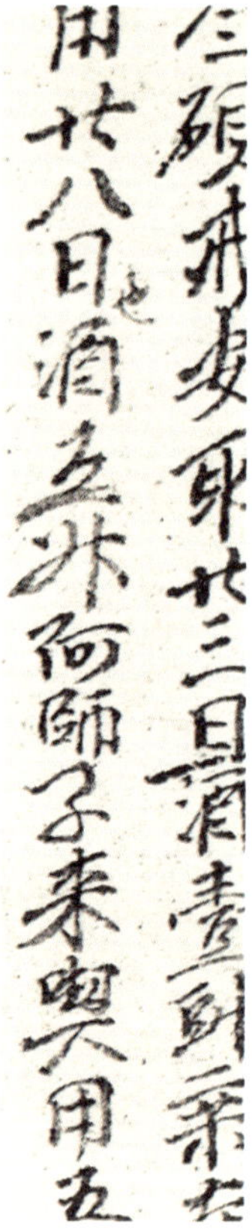

图3 S.6452b《辛巳年十二月十二日周僧正于常住库僧贷油面物历》（局部）

五日，酒弍斗，僧正、法律就店吃用”。

3.寺院内饮酒。壬午年正月“九日，酒五升，二和尚就院吃用”；同月“四日，酒壹斗，二和尚就库门吃用”；六月“十日，酒叁斗，僧正、法律就仓门吃用”（图1）；“就院”谓在寺院，“就库门”“就仓门”谓在寺院仓库门房内，由此可见敦煌佛寺之内可以设席饮酒。

4.节日供酒。壬午年“三月四日，寒食酒一瓮”，此为寺院在寒食节为在寺僧人提供的节日酒食。同年七月“十六日，破盆酒两瓮”，此为七月十七日盂兰盆节法会结束时慰劳众僧，以及供奉先亡、施食游魂所备酒食，对寺僧来说亦属节日设食。

5.僧首特供酒。"壬午年正月十一日，酒一瓮，大张僧正打银椀局席用"；二月"十三日，酒一角，李僧正种麦用"；八月廿日"李僧正造后门，博士吃用"（图2）。如此等等皆属当寺为僧首提供的特别供给，此种"特供"，一般僧众则无。

6.迎送、接风酒。如五月三日"酒壹斗，迎少（小）张僧正用"以及"李僧正东窟来，迎用""大众东窟来，迎用""众法律东窟来，迎用"等。其中有高级僧人，也有一般僧众。

7.人事往来酒。如二月"廿九日，看刺史，煮酒五升"；七月十四日"酒一瓮，小张僧正看使君用"；十月"十七日，酒壹斗，宋判官家送"（按：此为送宋判官酒）。

8.暖房、慰问酒。如十月"廿八日，周和尚铺暖房酒壹斗"；"十一月一日，李僧正铺暖房酒壹斗"；七月廿四日"使君脱孝酒，〔用〕粟式斗"（按：此为慰问政府官员某使君孝满脱服者）。

另外还有酬劳赏赐酒、立契约用酒、祭拜亡僧用酒、供佛用酒等。

关于尼众饮酒的记载，如S.6452b《辛巳年（981年）十二月十二日周僧正于常住库借贷油面物历》记载："廿八日，酒五升，阿师子来吃用。"（图3）又，S.1519《辛亥年（951年）十二月七日后某寺直岁法胜所破油面酒等历》记载：壬子年十二月十二日"又，面式斗，油壹合，酒壹角，两日看造食尼阇梨用"（图4）。"阿师子""尼阇梨"都是对尼姑的尊称，可见敦煌当时不但和尚饮酒，尼姑也饮酒。

P.3489《戊辰年正月廿四日旌坊巷女人结社文书》规定荣生死者

纳面壹斗，"或若怠慢者，捉二人后到，罚[酒]壹角；全不来者，罚[酒]半瓮……小人不听上人，罚羯羊一口，酒壹瓮"（图5）。该社条中有"录事孔阇梨""虞候安阇梨"等署名，这是女尼加入民间结社及有关饮酒、罚酒的记载。

关于僧人开设酒店的记载，如S.6452e《辛巳—壬午年（981—982年）净土寺付酒本粟麦历》载："辛巳年十二月廿六日，氾法律店酒本粟叁硕伍斗。""（十月）廿二日，郭法律店酒本粟麦壹硕弍斗，粟壹硕弍斗。"氾、郭二人身为寺院法律，职在督察纲纪，却公然开设酒店，酿酒卖酒，并向寺院供酒，净土寺执帐则坦然载笔，毫不隐讳地载入寺院账册，由此可见敦煌僧界饮酒及僧人开设酒店都不违背当地释门清规和本地民风，官府也听任之。

其实，敦煌僧尼之所以饮酒，主要是和当地的生活环境及劳动需要有关，一方面北方地区冬天寒冷，饮酒可以御寒；另一方面大部分僧人都要参加生产劳动，饮酒可以减乏，有助于恢复体力。

如P.2032v《后晋时期净土寺诸色入破历算会稿》记载："卧酒沽酒，西仓造（扫）尘时，博士及人夫等三时食用。"（图6）博士是师傅的意思，即招待修仓的师傅等人饮酒。又载："粟壹拾陆硕三斗六升，卧酒沽酒，造钟楼时五月二十三日至六月十三日中间廿一日工匠及众僧搬砂车牛人夫等三时食用。"这里说的是招待造钟楼的工匠等饮酒，其中特别谈到"众僧"一起参加体力劳动。又载："秋间寺家硙面人五日供，面二斗，酒壹斗。"说招待在寺家磨面的师傅饮酒。又载："粟壹斗沽酒，看取硙稞博士用。"又载："又后件修硙河（和）众僧用，胡并（饼子）四十，酒半瓮。"说招待修磨子的师傅饮酒。又载："面一斗五升，粗面

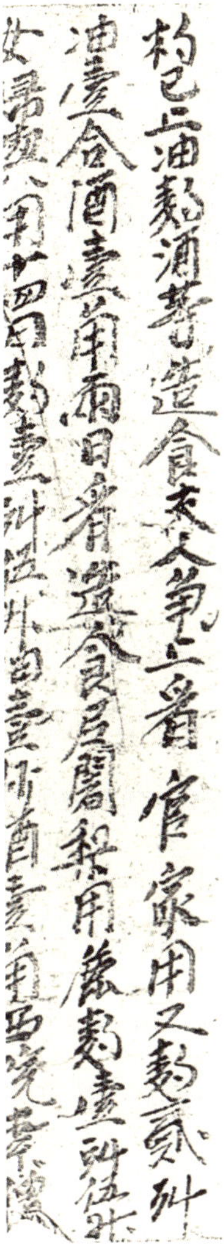

图4　S.1519《辛亥年十二月七日后某寺直岁法胜所破油面酒等历》（局部）

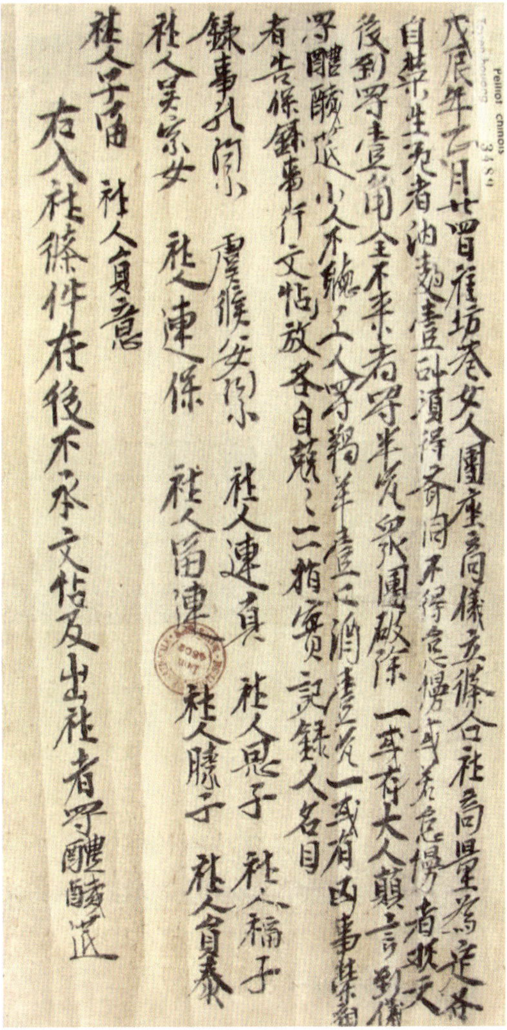

图5　P.3489《戊辰年正月廿四日旌坊巷女人结社文书》

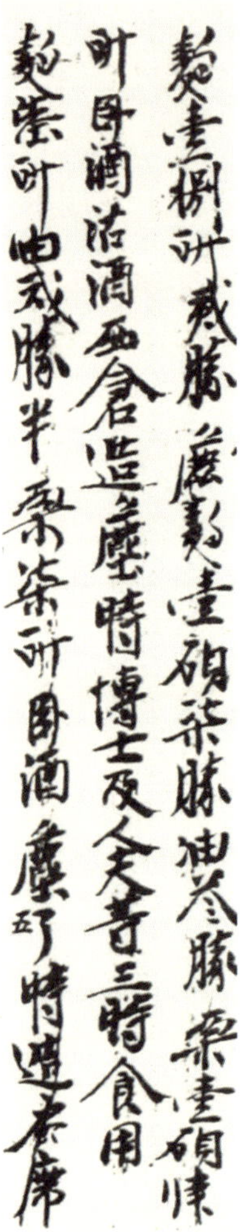

图6　P.2032v《后晋时期净土寺诸色入破历算会稿》

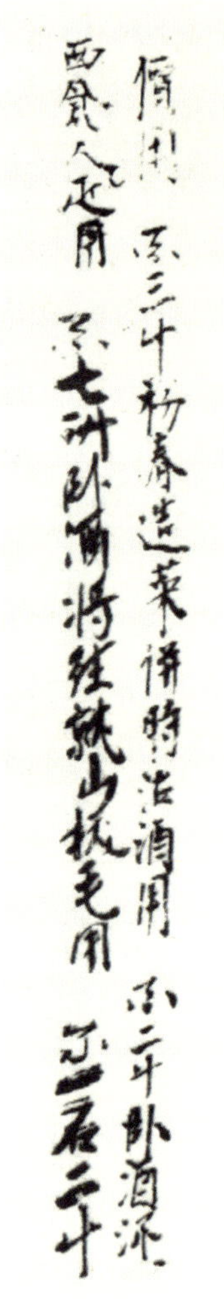

图7　P.2040v《后晋时期净土寺诸色入破历算会稿》

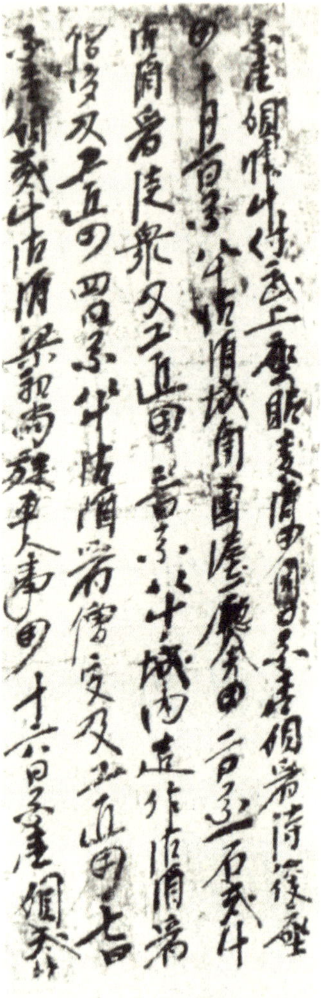

图8　P.2642《某寺诸色斛斗破历》

二斗，粟二斗沽酒两件，淘麦僧食用。"这里谈让从事淘麦体力活的僧人饮酒。又载："粟两石叁斗五升卧酒沽酒，钟楼上灰泥看画匠塑匠及众僧三时食用。""粟叁斗沽酒，看院生画窟门用。"这是让画工、塑工及协助干活的僧人们饮酒。淘麦、磨面、修磨子、造钟楼、搬砂，以及牧羊、绘画、塑像等都是体力劳动，让干活累了的劳动者喝酒，显然是为了让疲劳的身体得到一定的恢复。

又如S.4374记载："七月十日面五斗，酒四勺，众僧硙后大略吃用。"这是让从事磨面劳动后的僧人们集体饮酒。

如P.2040v《后晋时期净土寺诸色入破历算会稿》记载："粟二斗，卧酒泥西仓人匠用。粟七斗，卧酒将往就山拔毛用。"（图7）又："粟一斗，六升，卧酒硙面时看博士用。"又："陆斗肆升，卧酒及（沽）酒垒西梁时，看博士用。"拔毛、硙面、垒梁等也是体力活。

又如P.2642《某寺诸色斛斗破历》记载："十月一日，粟八斗，沽酒城南园泥庭舍用。二日，粟一石贰斗，沽酒看徒众及工匠用。三日，粟八斗，城内造作沽酒看僧官及工匠用。"（图8）泥庭舍也是体力活。

又如P.3763v《年代不明净土寺诸色入破历算会稿》记载："粟三斗五升卧酒，堆园日众僧吃用。粟三斗五升卧酒，烧炭时用。……粟贰斗沽酒，尚书安窟檐时将用。……粟一斗四升卧酒，阳孔庄上斫木用。……粟三斗五升卧酒，屈写匠用。粟七斗卧酒，请搬沙车牛用。"烧炭、安窟檐、斫木、书写等也是体力活。

以上所载，大都与干体力劳动有关。人们之所以饮酒，大多是因为干体力活太累了，喝点酒让血液循环，以达到减乏、恢复体力的目的。另外，北方地区冬天寒冷，饮酒可以御寒。

五百强盗忏悔改过，重新做人

　　"不偷盗"是佛教清规戒律中的第二戒，也非常重要。为此，《增壹阿含经》中说："若有人意好劫盗，取他财物，便堕饿鬼、畜生中。若生人中，极为贫匮。"（《大正藏》第2册）敦煌壁画中也绘制了不少与此相关的内容。

　　虽然按照佛经所说，犯偷盗罪者将堕入饿鬼、畜生之中，但佛陀对这些罪人也大发慈悲心，也给与出路。如莫高窟西魏第285窟南壁所绘制的故事画五百强盗成佛图，据佛经讲，印度古代摩伽陀国边境上有五百个结为一伙的强盗，拦路抢劫，枉杀无辜，断绝了与他国的道路。国王派遣大军围剿，强盗战败被俘后，受到割鼻、挖眼等酷刑，然后放逐山林。盲贼在山林中悲哀恸哭，其声音传到佛祖说法处。佛祖怜悯，大发慈悲，以神通力吹雪山之药使盲贼双眼复明，并现身说法，终使五百强盗放下屠刀，皈依佛门，剃度出家，隐居山林，参禅入定，最后成佛。

　　尽管这五百强盗最后皈依佛门，但之前因犯抢劫罪而遭受的割鼻、挖眼等酷刑，也相当于《增壹阿含经》中所说的犯劫盗罪、取他人财物者"便堕饿鬼、畜生中"。如画面中描绘的五百强盗遭受各种酷刑的场景（图1），以及他们被放逐山中，个个毛发直立，枯瘦如柴，哭天喊地，表现出他们所遭受的巨大不幸，而周围的黄羊、野兔等悠然闲适，并不惊惧，反衬出强盗们的不幸之深（图2）。

画面从东往西，以横卷连环画的形式绘出故事情节。用官兵征战、强盗被俘、国王审讯、施以酷刑、放逐深山、香药医眼、佛祖说法、出家修行等八个场面，首尾俱全地描述了整个故事，以由动到静的描述手法，很好地表现了这一故事"放下屠刀，立地成佛"和"众生皆有佛性"的主题思想。

图1　莫高窟西魏第285窟南壁　五百强盗成佛图　（局部）

图 2　莫高窟西魏第 285 窟南壁　五百强盗成佛图（局部）

画中的山层层叠叠，并用深浅不一的色彩描绘，看起来比北魏壁画中平列的带状群山更有空间感。但所有动物和植物的比例都夸大了，站立的一只鸟比山头大，狐狸一跃可跨过两座山峰，几棵树就可以长满一座山，这就使画中的形象看起来像童话一般。显然，佛教"众生平等""众生皆有佛性"、尊重一切有生命之物的思想对这一时期的壁画艺术是有影响的，山是无生命的，所以画得较小。

在莫高窟西魏第285窟中，佛与成佛是主题。塑于西壁中央大龛中的释迦牟尼佛，绘于北壁的迦叶佛、拘那含牟尼佛、释迦多宝等八佛，绘于东壁两侧的无量寿佛，再加上南壁所绘"放下屠刀，立地成佛"的五百强盗成佛，无处不显示佛的身影。

据佛经记载，供养释迦牟尼佛、魏卫佛、式佛、随叶佛、拘楼秦佛、拘那含牟尼佛、迦叶佛，在诸佛前至心忏悔，当灭生死之罪，永离三恶道。供养无量寿佛，就可以往生西方极乐世界。

忏悔与放下屠刀属于类似的性质，就是只要你承认错误，就有重新做人的机会。

给强盗一个忏悔改过的机会，这与我国刑事政策中的"坦白从宽，抗拒从严"颇为类似，即对于彻底如实地交代其犯罪事实的犯罪分子，要从宽处理，对于拒不如实交代其犯罪事实的，要从严处理。

参考文献

［1］中国社会科学院历史研究所、中国敦煌吐鲁番学会敦煌古文献编辑委员会、英国国家图书馆、伦敦大学亚非学院编：《英藏敦煌文献》（汉文佛经以外部分）第1—15卷，四川人民出版社，1990—2009年。

［2］上海古籍出版社、法国国家图书馆编：《法藏敦煌西域文献》第1—34卷，上海古籍出版社，1995—2005年。

［3］敦煌文物研究所编：《中国石窟·敦煌莫高窟》（全五卷），文物出版社，1982—1987年。

［4］唐耕耦、陆宏基编：《敦煌社会经济文献真迹释录》（第一辑），书目文献出版社，1986年。

［5］沙知、孔祥星编：《敦煌吐鲁番文书研究》，甘肃人民出版社，1984年。

［6］〔日〕周藤吉之等著，姜镇庆等译：《敦煌学译文集——敦煌吐鲁番出土社会经济文书研究》，甘肃人民出版社，1985年。

［7］〔日〕铃木俊等著，姜镇庆等译：《唐代均田制研究选译》，甘

肃教育出版社，1992 年。

〔8〕王尚寿、季成家等编著：《丝绸之路文化大辞典》，红旗出版社，1995 年。

〔9〕宁可、郝春文辑校：《敦煌社邑文书辑校》，江苏古籍出版社，1997 年。

〔10〕季羡林主编：《敦煌学大辞典》，上海辞书出版社，1998 年。

〔11〕郑炳林主编：《敦煌归义军史专题研究三编》，甘肃文化出版社，2005 年。

〔12〕谭蝉雪著：《敦煌民俗——丝路明珠传风情》，甘肃教育出版社，2006 年。

〔13〕李功国主编：《敦煌莫高窟法律文献和法律故事》，甘肃文化出版社，2011 年。

〔14〕齐陈骏：《敦煌、吐鲁番文书中有关法律文化资料简介》，《敦煌学辑刊》1993 年第 1 期。

〔15〕齐陈骏：《有关遗产继承的几件敦煌遗书》，《敦煌学辑刊》1994 年第 2 期。

〔16〕陈泽奎：《试论唐人写经题记的原始著作权意义》，《敦煌研究》1994 年第 3 期。

〔17〕齐陈骏：《丝路古道上的法律文化资料简介》，《敦煌学辑刊》1996 年第 2 期。

〔18〕严冰：《情理·法理——从敦煌壁画中智断亲子归母案说起》，《敦煌研究》1998 年第 2 期。

〔19〕赵云旗：《从敦煌吐鲁番文书看唐代土地买卖的管理机制》，

《敦煌研究》1998 年第 3 期。

　　［20］张艳云：《从敦煌〈放妻书〉看唐代婚姻中的和离制度》，《敦煌研究》1999 年第 2 期。

　　［21］陈永胜：《敦煌法制文书研究回顾与展望》，《敦煌研究》2000 年第 2 期。

　　［22］张艳云：《〈文明判集残卷〉探究》，《敦煌研究》2000 年第 4 期。

　　［23］陈永胜：《敦煌买卖契约法律制度探析》，《敦煌研究》2000 年第 4 期。

　　［24］王斐弘：《敦煌写本〈文明判集残卷〉研究》，《敦煌研究》2002 年第 3 期。

　　［25］谢生保：《敦煌故事画中的刑罚》，《敦煌研究》2002 年第 6 期。

　　［26］张艳云：《从敦煌的婚书程式看唐代许婚制度》，《敦煌研究》2002 年第 6 期。

　　［27］盛会莲：《唐五代百姓房舍的分配及相关问题之试析》，《敦煌研究》2002 年第 6 期。

　　［28］李正宇：《敦煌遗书一宗后晋时期敦煌民事诉讼档案》，《敦煌研究》2003 年第 2 期。

　　［29］郑炳林、魏迎春：《晚唐五代敦煌佛教教团的科罚制度研究》，《敦煌研究》2004 年第 2 期。

　　［30］李世进：《〈文明判集残卷〉新探》，《中北大学学报》（社会科学版）2009 年第 6 期。